I0762458

MENTALIDAD DE GUERRERO PARA EL ÉXITO

Autor bestseller de *The New York Times*

BRIAN TRACY

MENTALIDAD DE GUERRERO PARA EL ÉXITO

Estrategias probadas
para conquistar tus metas

El papel utilizado para la impresión de este libro ha sido fabricado a partir de madera procedente de bosques y plantaciones gestionadas con los más altos estándares ambientales, garantizando una explotación de los recursos sostenible con el medio ambiente y beneficiosa para las personas.

Mentalidad de guerrero para el éxito
Estrategias probadas para conquistar tus metas

Título original: *The Warrior Mindset for Success*
Essential Strategies for Achieving Your Goals

Primera edición: enero, 2026

Esta edición se publica por acuerdo con Waterside Productions, Inc., a través de International Editors & Yáñez Co' S.L.

ISBN: 978-607-386-809-9

Impreso en México – *Printed in Mexico*

Índice

Introducción

Cierra la mesa plegable, endereza tu respaldo y abróchate el cinturón porque estamos entrando al momento más emocionante en toda la historia de la humanidad. Gracias a que estás leyendo este libro, tienes un asiento en primera fila, con toda la multitud detrás de ti.

En los próximos meses tendrás más, harás más y serás más de lo que, quizá, jamás imaginaste posible. Vamos a entrar a la era dorada de la humanidad y tú estás en una posición privilegiada para disfrutar de sus recompensas y sus posibilidades.

Empecemos por preguntar, ¿cómo puedes saber quién es una persona realmente? ¿Cómo puedes determinar con qué tipo de persona estás hablando? ¿Cómo conocer sus verdaderos valores, creencias y metas? ¿Lo haces a partir de lo que dice, de lo que se propone? ¿A partir de sus esperanzas, planes, deseos o sueños? ¿Lo haces tomando en cuenta lo que escribe o lo que promete cuando se presenta como candidato o candidata a un cargo público? ¿Cómo saber quién es en verdad una persona?

La respuesta es sencilla: solo lo sabrás a partir de sus actos. Lo que deseas, esperas o planeas hacer no es lo que cuenta, lo único que importa es lo que haces día con día y, en especial, cuando estás bajo presión. Menos del 10% de los adultos leen libros, asisten a cursos o escuchan programas de audio. Las personas de este 10% son las dueñas del futuro. Quienes forman parte de ese 10% tendrán claro lo que necesitan saber y hacer para convertirse en agentes del cambio en lugar de en víctimas de este.

Dado que estás leyendo este libro, es obvio que formas parte de ese 10%. No por lo que deseas, esperas o planeas hacer, sino por lo que estás haciendo en este momento. Tú y los otros lectores son miembros del "10 talentoso". Son miembros de una élite. Ustedes no esperan a que las cosas sucedan, hacen que sucedan; no esperan a que las oportunidades lleguen, las crean; no siguen el camino que otros dejaron trazado, llegan hasta donde no hay camino y trazan el suyo. El simple acto de comprometerse con el aprendizaje continuo los pone en la fila del frente y les permite asumir el control total de su destino.

Hace muchos años, cuando era joven y pobre, cuando no tenía preparación académica ni talentos, empecé a preguntarme por qué algunas personas eran más exitosas que otras. En el curso de los años, he leído cientos de miles de libros y artículos, he escuchado miles de horas de programas y pasado miles más en cursos y seminarios en busca de la respuesta a una pregunta muy simple: ¿Por qué algunas personas son más exitosas que otras?

Tal vez el mayor descubrimiento científico respecto al éxito lo articuló hace más de ciento cincuenta años el filósofo estadounidense Ralph Waldo Emerson. Según él, "Un hombre se convierte en lo que piensa la mayor parte del tiempo". De la misma manera, en el siglo xx, el orador motivacional Earl Nightingale revolucionó a toda una generación con lo que llamó "el secreto más extraño del éxito": uno se convierte en aquello en lo que piensa.

Tu manera de pensar define todo lo que eres y todo lo que serás. Si cambias la calidad de tus pensamientos, cambiarás tu calidad de vida. Ya conoces el dicho: "Si siembras un pensamiento, cosecharás una acción; si siembras una acción, cosecharás un hábito; si siembras un hábito, cosecharás carácter, y si siembras carácter, cosecharás un destino".

Dicho de otra forma, tal vez no seas lo que crees que eres, pero eres aquello en lo que piensas. Toda la causalidad en tu vida es producto de tu mente, estás donde quieres y eres lo que eres debido a la manera en que piensas. Tus pensamientos dominantes han atraído todo lo que hay en tu vida.

La buena noticia es que puedes tener más y ser más porque es posible cambiar como persona. Puedes modificar tus pensamientos: el qué y el cómo. Si lo haces, tu destino y tu potencial serán ilimitados.

No eres solo lo que haces, también eres lo que piensas. Si piensas de una manera clara, sosegada, constructiva y positiva respecto a ti mismo y los demás, tu mundo exterior será organizado, exitoso y lo caracterizarán los grandes logros. En cambio, si piensas de forma negativa, iracunda, confusa o poco realista, tu mundo exterior será una sucesión continua de problemas.

En todo caso, tienes la libertad de elegir. De cualquier forma, solo tú puedes elegir tus pensamientos y, al hacerlo, escoges tus emociones y, en consecuencia, tus acciones. Al elegir tus pensamientos, tus emociones y tus acciones, creas tu mundo entero.

Tal vez el factor más importante en nuestra vida en la actualidad sea la velocidad y el impacto del cambio. La información en todos los ámbitos crece al doble cada dos o tres años, lo cual significa que tu conocimiento y tus habilidades también deben crecer al doble cada dos o tres años, solo para mantener el ritmo del cambio. La tecnología está estallando en todas direcciones. Andrew Grove de Intel mencionó la primera ley de la tecnología: cualquier cosa que pueda hacer la tecnología, *la hará* la tecnología, y es muy probable que lo logre más pronto de lo que imaginamos.

De manera simultánea al avance tecnológico y a la explosión de la información, la competencia está proliferando en todos los ámbitos. Para contrarrestar esta competencia tan agresiva, tendrás que volverte más inteligente y ser mejor cada semana, cada mes y cada año, solo para mantenerte al día. Para disfrutar de la maravillosa vida que puedes tener, deberás pensar mejor que tu competencia y superarla en los niveles local, nacional e internacional.

El propósito de este libro es ofrecerte las herramientas que necesitas para sobrevivir y prosperar en los emocionantes meses y años por venir, además de compartir una serie de habilidades y percepciones particulares que las mujeres y los hombres más exitosos de nuestros tiempos practican.

Cuando piensas de la misma forma en que lo hace la gente más exitosa, obtienes los mismos resultados que ella. A principios del siglo xx, el gran historiador británico Arnold Toynbee escribió un estudio de varios volúmenes sobre las civilizaciones y la historia de la humanidad. Estudió los ciclos de vida de veintiocho grandes civilizaciones para identificar sus rasgos en común y llegó a una conclusión muy importante que es pertinente para tu vida.

Toynbee desarrolló la teoría de la historia llamada "desafío y respuesta". Descubrió que todas las civilizaciones importantes comenzaron como un pequeño grupo o tribu que se enfrentó a un desafío que, por lo general, tenía que ver con un pueblo hostil. Para sobrevivir, el pequeño grupo tenía que sortear el desafío y, si respondía de forma eficaz, conquistaba a su enemigo y se volvía más fuerte. Más adelante, en este mismo proceso, se enfrentaba a otro enemigo que, una vez más, representaba un desafío desde el exterior. Para sobrevivir, el grupo tenía que volver a responder con efectividad y, si lo hacía, conquistaba a su enemigo y se fortalecía. Luego, una vez más, siendo aún más grande y fuerte, se volvía a enfrentar al desafío de otro enemigo del exterior. Si la tribu en crecimiento respondía de manera eficiente a este desafío mayor, continuaba creciendo y, tiempo después, volvía a encontrar un problema que la obligaba a responder de nuevo, pero de manera distinta. Siempre y cuando la tribu continuara respondiendo con eficacia a los inevitables desafíos de la supervivencia y el crecimiento, seguía fortaleciéndose. Así sucedió hasta que las tribus más exitosas formaron imperios, reinos y, en última instancia, civilizaciones.

El filósofo alemán Friedrich Nietzsche escribió: "Lo que no me mata, me hace más fuerte". En general, todo lo que es aplicable a los seres humanos también lo es a los grupos de individuos, y eso incluye a las empresas y a otras organizaciones.

Tu vida es una sucesión continua de problemas, dificultades, obstáculos, derrotas, decepciones y desafíos que no terminan nunca. Comienzan cuando eres pequeño y continúan a lo largo de tu vida. Pese a tus esfuerzos por evitarlos, de cualquier modo siempre llegan sin invitación.

Lo único sobre lo que tienes control es cómo respondes a ellos. Si lo haces bien, continúas creciendo y te fortaleces, pero si lo haces con ineptitud, los desafíos pueden abrumarte y provocarte contratiempos emocionales, físicos y financieros, o incluso reveses absolutos.

Por todo lo anterior, tu tarea consistirá en ser efectivo cuando respondas a los desafíos que inevitablemente enfrentarás a lo largo de tu vida. Cuanto más constructivo sea tu pensamiento, más fuerte y poderoso te volverás al resolver las ineludibles dificultades que te presentará la vida.

En una escena de una película conocida, un ejecutivo novato recibe una importante y difícil tarea el primer día en su empleo. Entonces voltea a ver a su jefe y pregunta: "¿Es una prueba?". Su jefe lo mira directo a los ojos y responde: "¿Acaso no todo lo es?".

Esta es una frase excepcional. Todo en la vida es una prueba. Cada problema, dificultad y crisis que enfrentes, ya sea importante o menor, será una prueba. Todo desafío que presenten tus clientes, tus finanzas, tu negocio y tu futuro será una prueba. La única pregunta es: ¿Qué tan bien responderás? ¿Estarás a la altura del desafío y lo enfrentarás como se debe o permitirás que te abrume? ¿Lo enfrentarás con tranquilidad, entereza y creatividad o con malestar y frustración?

El desafío es inevitable y la respuesta siempre dependerá de ti. La mayoría de la gente funciona en lo que se llama "modo de respuesta reactiva", es decir, responde a las cosas que le suceden y a lo que pasa a su alrededor, pero lo hace sin pensar. Las personas responden de forma emocional y se enojan cuando enfrentan frustración, contratiempos y dificultades. En lugar de tomarse un momento para reflexionar y reaccionar de manera apta y constructiva, permiten que los sucesos las ahoguen como si fueran el oleaje del mar.

Los hombres y las mujeres que alcanzan puestos de mucha responsabilidad en nuestra sociedad, es decir, los líderes de todos los niveles, son quienes han desarrollado la capacidad de reflexionar de manera profunda. Han aprendido a pensar mejor y con más eficiencia que la persona promedio, lo cual nos lleva a uno de los principios más importantes para el éxito, "la ley de la complejidad integradora". De acuerdo con esta ley, en cualquier grupo, el individuo que sea capaz de integrar la mayor cantidad de información y de tomar decisiones atinadas con base en ella tarde o temprano dominará a todos los demás miembros.

Lo que determina en gran medida tu efectividad y tu inteligencia como ser humano es cuán bien puedes integrar distintos fragmentos de información que te permitan analizar y tomar buenas decisiones para actuar. Esta es la razón por la que la gente con más experiencia suele ser más eficiente que la que cuenta con menos. Cuando se enfrentan a una situación nueva, estas personas cuentan con más fragmentos de información semejantes a situaciones pasadas, lo cual les permite trabajar y decidir. En la Guerra Civil, después de que sus fuerzas confederadas se anotaron una importante serie de victorias sobre las fuerzas superiores de la Unión, Robert E. Lee dijo: "Lo único que temo es que el general que la Unión mande al campo de batalla para enfrentarme piense mejor que yo".

A lo largo de treinta años, el general Norman Schwarzkopf, quien logró una asombrosa victoria en la Guerra del Golfo en 1991, sirvió en todos los niveles del ejército de Estados Unidos.

Después de eso, fue nombrado comandante en jefe de las fuerzas del Golfo. Schwarzkopf tenía el mejor entrenamiento en el mundo y sumaba algunas de las experiencias más ricas y profundas que podría tener un oficial de su rango. Cuando se hizo cargo del ejército en la Guerra del Golfo, estaba preparado para pensar mejor que cualquiera de sus oponentes en cualquier área.

Tu misión, tu objetivo, es ser el líder en tu negocio, el líder de tu familia y el líder de tu comunidad. Tu tarea consiste en hacer una contribución importante para ti mismo y para la gente que depende de ti. Tu trabajo es convertirte en todo lo que puedes ser, en no dejar de crecer y en ser cada vez mejor, cada vez más valioso para ti y para los otros.

En 1962, algunos ingenieros aeronáuticos de alto nivel dijeron que era imposible que un avión viajara más rápido que la velocidad del sonido. Explicaron que en el cielo había una barrera invisible a esa velocidad, y que si un avión intentaba atravesarla, chocaría con ella, se desintegraría y el piloto moriría. Pero no tomaron en cuenta un factor: el excepcional piloto de pruebas Chuck Yeager no les creyó. Yeager pensaba que la barrera era imaginaria, que era un mito y que, si volaba lo bastante rápido, podría atravesarla, salir del otro lado y continuar desplazándose en el aire como si nada. Y eso fue justo lo que hizo. Cuando atravesó la barrera del sonido, el estallido sónico resonó sobre el suelo de todo el desierto, y un mito más sobre las limitaciones humanas quedó destruido para siempre.

Durante los siguientes veinticinco años, los expertos estuvieron de acuerdo en que, aunque fue posible que un avión que volara a una gran altitud con una cantidad limitada de fricción se desplazara más rápido que la velocidad del sonido, sería imposible que un vehículo hiciera lo mismo en la tierra. Durante esos veinticinco años la gente trató incontables veces de romper la barrera del sonido en tierra y fracasó, pero luego, en 1997, un osado conductor con un automóvil supersónico se preparó, sumió el pie en el acelerador, rompió la barrera del sonido en tierra e impuso el récord de la mayor velocidad terrestre en la historia. De esa manera se rompió otra barrera mental, emocional, física, espiritual y psicológica.

Llegó la hora de que tú también rompas las barreras del éxito. ¿Quieres alcanzar la independencia financiera? Bien, ¿por qué no lo haces? En nuestra época, más gente que nunca en la historia de la humanidad se está volviendo millonaria a una velocidad abrumadora. En algún lugar, de alguna manera, cada cuatro minutos y medio, las veinticuatro horas del día, siete días a la semana y 365 días al año, en Estados Unidos alguien amasa una fortuna viniendo desde abajo y se convierte en millonario. Hay millonarios, multimillonarios, milmillonarios e incluso multimilmillonarios que amasaron su propia fortuna. En la actualidad, la mayoría de los hombres más ricos de Estados Unidos, si no es que en todo el mundo, empezó con las manos vacías. De hecho, muchos de ellos tenían poco o nada cuando comenzaron.

Con frecuencia se dice que los economistas han predicho 18 de las últimas dos recesiones. El mundo está repleto de gente pesimista, negacionista, crítica, quejumbrosa y fracasada que hará todo lo posible por convencerte de que el éxito ya no es factible en Estados Unidos. Te dirán que lo importante no es lo que sabes, sino *a quién* conoces. Te dirán que el éxito se logra siendo deshonesto, gracias a la suerte o a una combinación de ambas cosas. Cada año, estas personas se deleitan en señalar al hombre o mujer de negocios que, ocasionalmente, es acusado de realizar actividades deshonestas, pero ignoran a los millones de empresarias y empresarios honestos e industriosos que están tomando maravillosas decisiones financieras y que, en general, empezaron con las manos vacías.

La mayoría de los millonarios que amasaron sus fortunas a partir de nada en Estados Unidos han estado en la quiebra o cerca de estarlo en más de tres ocasiones. La mayoría también ha trabajado diez, quince o incluso veinte años para alcanzar la independencia financiera. Gracias a las oportunidades en nuestro entorno y a la naturaleza de nuestra economía, nunca había sido más posible alcanzar tus objetivos financieros. Al principio del siglo xx, William James, el brillante psicólogo de Harvard, escribió: "La mayor revolución de mi generación ha sido descubrir que, al cambiar su mentalidad, pueden modificar los aspectos externos de su vida".

Toda causación es mental. Cuando decidas destruir las barreras que te impiden triunfar, descubrirás que casi todos tus límites existían, en mayor parte, solo en tu imaginación. Los mayores obstáculos para el éxito no están en el exterior, sino dentro de ti. Lo que determina tus posibilidades y lo que llegas a ser gracias a ellas es cómo piensas y qué sientes al respecto.

Las mayores barreras para el éxito y la plenitud siempre han sido dos inseparables enemigos: el miedo y la duda. El miedo es el más grande obstáculo de todos, es lo que genera la duda que te limita. El miedo al fracaso, a la pérdida, a la pobreza, a hacer el ridículo, a la vergüenza; los miedos de todo tipo nos hacen poner el pie sobre el freno y empezar a dar excusas en lugar de progresar. La desconfianza en uno mismo, la imposibilidad de creer en nuestras habilidades y los miedos que alimentan todo esto te impiden intentar las cosas siquiera. El miedo y la duda se alían en tu mente consciente para producir pensamientos racionales y argumentos que justifican la mediocridad y el fracaso. El miedo y la duda hacen que te subestimes, que te sientas inferior a los demás, que pienses que son mejores o más inteligentes que tú aunque, en realidad, solo usan sus talentos con más eficacia.

La verdad es que nadie es más inteligente ni mejor que tú. Eres tan competente y astuto como cualquiera. La cuestión es que somos como fisiculturistas: todos tenemos 610 músculos, la misma cantidad que tiene Arnold Schwarzenegger, la diferencia es que Arnold trabajó durante más de veinte años para desarrollar un físico que le permitió ganar importantes premios.

Todos tenemos la misma cantidad de músculos mentales también. Tu misión consiste en trabajar con ellos y en construirte para lograr un físico mental digno de competencias, sobre todo en las áreas en las que eres más hábil. De esa manera alcanzarás tus metas más importantes. Tu inteligencia es maleable en un espectro de cerca de veinticinco puntos, lo que significa que, sin importar cuán inteligente seas, puedes mejorarla muchísimo con solo trabajar y levantar pesas mentales para fortalecer esos músculos.

Con una rutina de ejercicio bien dirigida, puedes estar en forma física; con un programa de desarrollo mental bien dirigido, también puedes estar en forma intelectual. Puedes convertirte en una de las personas más competentes y capaces en tu ámbito, solo necesitas trabajar en tus músculos mentales de la manera que describiré a continuación.

La cualidad más importante para el éxito en tu vida y en tus relaciones es el optimismo, al cual se le puede definir de varias formas. Para empezar, el optimismo significa abordar tu vida y a ti mismo de manera positiva y constructiva. El optimismo admite que la vida es desafiante, pero logra ver más oportunidades y posibilidades que obstáculos y dificultades. Los optimistas se enfocan muchísimo en las soluciones. Siempre que enfrentan un problema de cualquier tipo, se detienen y se preguntan: ¿Cuál es la solución? ¿Qué hacemos ahora? ¿Cuál es el siguiente paso? Los optimistas están tan ocupados trabajando en soluciones que no tienen tiempo para sentarse por ahí a preocuparse por los problemas.

Los optimistas también se enfocan mucho en el futuro, siempre piensan en el siguiente paso: ¿Qué hacemos ahora? ¿A dónde vamos? ¿Cómo llegamos ahí? Siempre ven lo positivo en las personas y las situaciones, buscan las lecciones valiosas en los contratiempos y las dificultades. Siempre buscan la manera de aprovechar los inevitables desafíos y las pruebas que les impone la vida.

Sobre todo, los optimistas siempre se preguntan: "¿Cómo?". Y tú también deberías adoptar esta pregunta operativa. Siempre que pienses en algo que quieras ser, tener o hacer, tu primera pregunta debería ser: "¿Cómo?". Cuanto más te preguntes esto, menos tiempo y energía desperdiciarás pensando en las razones por las que no te sería posible lograrlo.

Entre mejores sean tus herramientas de pensamiento, más positivo y optimista serás, y más extensa se volverá tu inteligencia integradora. Entre más herramientas de pensamiento tengas, más fácil te será concebir soluciones y posibilidades para llegar más lejos y alcanzar tu meta más rápido. Entre mejor pienses, superarás las barreras conscientes e inconscientes que te han estado deteniendo con mayor velocidad. Entre más te concentres al reflexionar, más confiado, positivo y optimista te volverás.

Nada es tan exitoso como el éxito. Cuanto más éxito tengas al alcanzar tus objetivos, te sentirás más feliz y seguro, y en consecuencia, te gustarás más y te respetarás más a ti mismo. Esto, a su vez, te llevará a establecer mejores metas y más ambiciosas. Cuanto más ambiciosas y mejores sean tus metas, más lograrás, tu autoestima y autorrespeto serán mayores y te adentrarás en una espiral ascendente de triunfos y logros.

Cualquier problema que tengas, alguien más ya lo resolvió antes: esta es una de las revelaciones más importantes que tendrás. Cualquier meta que establezcas, ya la han cumplido cientos o tal vez miles o millones de otras personas. No tienes que reinventar la rueda, solo debes investigar qué hicieron otros para alcanzar esa misma meta. Necesitas averiguar cuál fue la solución que otras personas exitosas descubrieron y usaron con eficacia, y luego implementarla. Sigue las mismas acciones y obtendrás los mismos resultados.

Muchas personas ya están teniendo éxito en la actualidad, en parte, porque muchas otras triunfaron en grande antes que ellas. Las personas más inteligentes están reuniendo la sabiduría y el conocimiento de gente exitosa de otra época, y los están poniendo en práctica en su propia vida, su trabajo y su familia. Cuando empieces a practicar las ideas que te presentaré en este libro, comenzarás a progresar cada vez más rápido de lo que jamás habrías imaginado.

A lo largo de la historia, desde Tucídides y su *Historia de la Guerra del Peloponeso* en el siglo v a. C. hasta la actualidad, los estilos de pensamiento y los comportamientos de los grandes líderes militares se han estudiado de forma exhaustiva. Hoy en día, estos métodos de pensamiento —o principios de estrategia militar, como les llaman— se enseñan en escuelas y colegios castrenses de todo el mundo. Los comandantes han usado doce principios de pensamiento estratégico para lograr grandes éxitos militares en medio de situaciones turbulentas y caóticas y, a menudo, lo han hecho a pesar de las abrumadoras probabilidades que tienen en contra y de lo desfavorable de su situación.

Como el estudiante de la historia militar que soy, siempre me fascinaron los paralelismos entre los principios de la estrategia bélica y los del éxito en los negocios. Cuanto más los estudié, más me di cuenta de que esos mismos principios también eran aplicables para tener éxito en la vida personal.

Pueden resultarnos muy útiles las maneras de pensar y actuar de los líderes más exitosos de la historia que han demostrado eficacia en las situaciones más complicadas. Nos muestran una dirección y nos ofrecen percepciones sobre cómo abordar los inevitables desafíos cotidianos. Estos líderes militares tuvieron que vencer a enemigos con determinación, por lo general lejos de casa, casi siempre superados en número y con el destino de ejércitos, imperios, naciones e incluso civilizaciones en sus manos.

Tus objetivos y los míos son mucho más simples. Queremos estar sanos y ser felices, tener buenas relaciones personales, ser exitosos en nuestro trabajo y alcanzar la independencia financiera. Desde nuestra perspectiva, sin embargo, todas estas metas son tan importantes, si no es que más, que las de los líderes militares en ciertos momentos críticos de la historia.

Los principios que trazaré en este libro, es decir, las herramientas de pensamiento y las claves para romper las barreras entre tu éxito y tú, y para alcanzar tus metas más rápido y con mayor facilidad que nunca, provienen de las estrategias militares, pero las puedes usar en cualquier ámbito de tu vida.

Para cumplir los propósitos del libro, decidí llamar a estos principios "mentalidad de guerrero". Los puedes añadir a tu caja de herramientas mentales para resolver problemas con mayor facilidad, superar obstáculos de la mejor manera y lograr tus metas más rápido de lo que lo harías sin ellas y que cualquiera a tu alrededor.

Cuando logres vencer tus barreras mentales del éxito con los principios de pensamiento crítico que analizaré aquí, prácticamente no habrá límite para lo que podrás ser, tener y hacer.

Capítulo 1

El principio del objetivo

El primer principio es el del *objetivo*. En términos militares, el principio del objetivo es lo más importante y lo primero. La vaguedad respecto a los objetivos es la principal razón por la que la gente fracasa, se frustra y no desarrolla su potencial en todos los ámbitos, incluyendo la guerra, los negocios y las metas personales. En cambio, la claridad respecto a los objetivos es el factor más importante para el éxito. Cuando George C. Marshall, jefe del Estado Mayor de Estados Unidos, envió a Dwight D. Eisenhower a Europa para coordinar a las fuerzas aliadas en la Segunda Guerra Mundial, su objetivo era muy simple: ir a Londres, invadir Europa y vencer a los alemanes. Cuando el general Norman Schwarzkopf fue enviado al Golfo Pérsico en 1990, su objetivo también era simple: sacar al ejército iraquí de Kuwait.

En los negocios, la habilidad de establecer metas y objetivos claros en cada área y para cada persona en todos los departamentos es el primer requisito para lograr el éxito y la rentabilidad. En cambio, la incertidumbre respecto a las metas y los objetivos es la principal razón por la que se desperdicia tiempo y dinero, por la que la gente se desmoraliza y se siente infeliz, y por la que tantos negocios en la actualidad carecen de dirección.

En tu caso, el principio del objetivo implica establecer metas claras y específicas para cada aspecto de tu vida. La capacidad de fijarte metas y de hacer planes para lograrlas es lo más importante para el éxito. Si tienes objetivos claros, podrás lograr casi cualquier cosa, pero sin ellos, siempre tendrás que trabajar para alguien que sí los tenga.

Necesitas metas para tu vida personal, tu vida familiar, tu negocio y tu carrera. Las necesitas para tu desarrollo personal y profesional. También necesitas metas espirituales y para tu desarrollo interior, además de metas para convivir en tu comunidad, es decir, aquellas relacionadas con la manera en que desees contribuir a la sociedad.

Decide hoy mismo que el año próximo será el mejor de tu vida. Decide que, sin importar lo que haya sucedido hasta ahora, lo pasado, pasado. Esto es el ahora. Comienza tu proceso para ponerte metas imaginando que no tienes ningún límite en cuanto a lo que puedes ser, tener y hacer.

Imagina que tienes todo el tiempo y el dinero necesarios, que cuentas con toda la gente y los contactos, que posees todos los conocimientos y las habilidades, todos los recursos que necesitas para lograr lo que quieras. Imagina que acabas de ganar un millón de dólares en efectivo y que los tienes en el banco. Imagina que el éxito, en cualquier meta que te propongas, está garantizado. Siempre comienza este proceso de ponerte metas como si no tuvieras ningún límite y como si tuvieras una hoja en blanco en la que diseñarás una vida maravillosa para ti.

EL PROCESO PARA ESTABLECER METAS

PASOS PARA ESTABLECER METAS CON EFICACIA

1. Decide con exactitud lo que quieres.
2. Escribe tus metas en orden de importancia.
3. Fija una fecha límite.
4. Haz una lista de todo lo que tendrás que hacer para lograr cada meta.
5. Organiza tus metas de acuerdo con el tiempo y con tus prioridades.
6. Pon en marcha tu plan.
7. Haz todos los días algo que te acerque a tu meta más importante.

Hay un proceso muy simple que puedes usar para fijar tus metas. También hay ejercicios mucho más detallados que son sumamente útiles, pero empieza por este proceso: decide con exactitud lo que quieres y resiste la tentación de ser ambiguo o confuso. Por ejemplo, si quieres ganar más dinero, decide la cantidad exacta que quieres ganar en un periodo definido. Si quieres gozar de salud o tener un peso específico, sé preciso y claro al planearlo, y también respecto a la manera en que lo medirás. El enfoque y la claridad son esenciales para desbloquear los increíbles poderes de tu mente subconsciente y para lograr las metas que te importan.

En segundo lugar, escribe tus metas. Solo 3% de los adultos tienen metas escritas, pero ellos logran más que todos los demás en conjunto. Una meta no escrita es solo un deseo, equivale a humo de cigarro en el aire: no tiene sustancia ni poder, no tiene nada a lo que puedas aferrarte.

Así que escribe tu meta. Hazlo con claridad, de forma específica y detallada. Entre más detalles incluyas, más rápido lograrás tu objetivo.

En tercer lugar, establece una fecha límite. Una meta sin fecha límite es, una vez más, solo un ejercicio de deseo y esperanza. Cuando fijas una fecha límite, creas un sistema subconsciente que te fuerza a hacer las cosas y te impulsa hacia tu objetivo al mismo tiempo que lo atrae hacia ti.

En cuarto lugar, haz una lista de lo que tendrás que hacer para lograr la meta. Entre más cosas añadas a la lista, creerás con mayor intensidad que puedes alcanzar la meta. El simple hecho de hacer una lista es un acto de motivación personal que genera confianza y valentía en tu interior. Te vuelve más optimista y te imbuye una noción de poder, así como un sentimiento de control sobre tu vida.

El paso número cinco consiste en organizar tu lista por tiempos y prioridades. Haz un plan, decide qué harás primero y qué más adelante. Luego decide qué es más importante, en especial, decide cuál es la acción más trascendental que podrías llevar a cabo para acercarte más rápido a tu meta y empieza por ahí.

El sexto paso es ejecutar tu plan. Todas las personas exitosas se enfocan con mucha intención en las acciones. Haz algo de inmediato, hazlo ahora, comienza ya. Quienes han triunfado comparten una cualidad: la acción. Empieza ya, ponte a trabajar, muévete con agilidad, desarrolla una noción de urgencia, una compulsión por terminar los proyectos, una inclinación por actuar. Moverse rápido es fundamental para el éxito. Todos los planes estratégicos se enfocan en las acciones *ahora*. La toma de decisiones debe evolucionar y convertirse en una acción *ahora mismo*. La reflexión, las esperanzas, los sueños y las metas trazadas deberán traducirse en acciones a realizarse *ahora*. La acción lo es todo porque es la única manera en que expresas quién eres en verdad.

El paso número siete consiste en hacer todos los días algo que te acerque más a tu meta más importante. En cuanto te empieces a mover en la dirección de tus sueños, niégate a parar, resístete a la tentación de desacelerar o dudar. Todos los días haz algo para que el trompo siga girando, para que la sangre continúe fluyendo y el impulso siga su curso hacia delante.

Uno de los mejores ejercicios que conozco para establecer metas consiste en tomar una hoja de papel en blanco, escribir la palabra *Metas* en la parte superior y añadir la fecha de hoy. Luego escribes diez metas que te gustaría lograr en los siguientes doce meses.

Escribe las metas en tiempo presente, es decir, como si ya las hubieses logrado. Si quieres aumentar tus ingresos, por ejemplo, empezarías escribiendo: "Gano *x* cantidad de dinero". Si quieres bajar de peso, tendrás que escribir: "Peso *x* cantidad de kilos", como si ya hubieras alcanzado tu peso ideal.

Escribe por lo menos diez metas, puedes escribir más, pero el mínimo es diez. Esta simple acción cambiará tu futuro. Si solo guardas la lista y no la lees en un año, cuando la saques te sorprenderá ver que, a doce meses de distancia, habrás alcanzado el 80% de tus metas de maneras increíbles.

Si solo pudieras lograr una meta de tu lista, ¿cuál sería? Una vez que hayas elegido, decide cuál sería tu segunda meta más importante, luego la tercera, y así sucesivamente.

Toma tu primera meta más importante, escríbela en la parte superior de una hoja de papel en blanco y pregúntate: ¿Qué conocimientos y habilidades adicionales necesitaré para conseguirla? Lo que te haya llevado hasta donde te encuentras ahora no será suficiente para mantenerte ahí. Para lograr algo que nunca has logrado tendrás que convertirte en alguien que no has sido nunca. Para alcanzar una meta que en este momento se encuentre más allá de cualquier cosa que hayas hecho en tu vida, siempre tendrás que desarrollar una nueva cualidad, atributo o habilidad. ¿Cuál es? ¿Qué obstáculos o dificultades tendrás que superar? ¿Qué paso limitante o restricción te impone la velocidad a la que la alcanzarás? ¿Se trata de algo en ti mismo o de algo relacionado con la situación que te rodea?

En términos militares, el principio del objetivo exige que dirijas todos tus esfuerzos hacia una meta claramente definida, decisiva y alcanzable. Tienes que evaluar tu plan una y otra vez para asegurarte de que el objetivo principal continúe siendo el más importante.

CUALIDADES FUNDAMENTALES DEL LIDERAZGO

CUATRO CUALIDADES DEL LIDERAZGO

1. Visión
2. Realismo
3. Valentía
4. Responsabilidad

Las cuatro cualidades fundamentales del liderazgo aplicadas a las metas, los objetivos y todo lo demás de lo que hablaré a continuación son la *visión*, la *valentía*, el *realismo* y la *responsabilidad*.

Visión significa tener una imagen mental clara de lo que quieres lograr y del lugar adonde quieres llegar. Todos los líderes tienen una visión, es decir, pueden ver el panorama completo. Visualizan una imagen o idea emocionante del futuro ideal que desean para sí mismos, para su familia, sus empresas y sus clientes. ¿Cuál es tu visión? ¿Qué estás tratando de lograr o alcanzar? ¿Cómo será cuando lo logres?

La segunda cualidad del liderazgo es la *valentía*, o sea, contar con la fortaleza interna para hacer lo necesario para lograr la visión. Necesitas tener la autodisciplina y la voluntad que te permitan practicar tus valores superiores, estar dispuesto a seguir adelante y a actuar aunque no haya garantía de éxito. La valentía es una cualidad esencial de todo gran éxito.

En tercer lugar, el *realismo* o la honestidad intelectual se refiere a la disposición a lidiar con el mundo tal como es, en lugar de como desearías que fuera. Tienes que ser honesto respecto a tus puntos fuertes y débiles; también respecto a las fortalezas y flaquezas de tu empresa y tu situación. No te engañes ni te convenzas de falsedades. Debes ser honesto y objetivo respecto a quién eres, qué quieres lograr y qué tendrás que hacer para llegar adonde te propones desde el punto donde te encuentras.

La cuarta cualidad del liderazgo es la *responsabilidad*, es decir, aceptar que estar donde estás y ser lo que eres te lo debes solo a ti mismo. Te negarás a dar excusas o a culpar a alguien más; te negarás a quejarte o a criticar. Tendrás que decirte a ti mismo: “Si las cosas tienen que ser, dependerá de mí”.

Los líderes piensan en el futuro, se proyectan uno, dos, tres, cuatro o cinco años hacia adelante. Si todo saliera a la perfección, ¿dónde querrías estar en cinco años? ¿Cómo se vería tu futuro? Recuerda que este es el mejor momento en la historia de la humanidad para estar vivo. Nunca hubo más oportunidades ni posibilidades de las que existen ahora para ti. Los únicos límites reales para lo que puedes ser, tener y hacer son aquellos que tú mismo te impongas con tu pensamiento, ya sea debido a tus propias dudas y miedos, o porque todavía no estás poniendo en práctica las habilidades de pensamiento que practican los hombres y las mujeres más exitosas del mundo.

En cuanto puedas, toma una hoja de papel en blanco, escribe tus diez metas, organízalas por prioridad, elige la más importante y diseña un plan para lograrla. Luego, todos los días haz algo específico y tangible que te acerque a esa meta por lo menos un paso más. Cuando empieces a implementar el principio del objetivo en todos los aspectos de tu vida y a trabajar a partir de metas claras, específicas y escritas, estarás encaminado para superar la barrera del éxito.

*

En el próximo capítulo hablaremos sobre el segundo principio de la estrategia militar, el principio de la *ofensiva*. Descubrirás cuán importante es decidirse por acciones específicas y llevarlas a cabo.

PUNTOS ESENCIALES

- El éxito es consecuencia directa de tu pensamiento.
- Si cambias tu manera de pensar, podrás cambiar quién eres.
- Cuando pienses y actúes de la misma manera en que lo hace la gente exitosa, tú también tendrás éxito.
- Recuerda que no tienes control sobre los desafíos que surjan, solo podrás controlar tu respuesta.
- El miedo y la duda son las barreras más grandes para alcanzar el éxito.
- El optimismo es un factor clave para tener éxito.
- Los optimistas siempre se preguntan *cómo.*
- Tu eficacia depende de la capacidad que tengas para integrar información.
- Entre más exitoso seas para alcanzar tus metas, serás más feliz y seguro de ti mismo.

Capítulo 2

La ofensiva

El segundo principio de la guerra es el de la *ofensiva*. Es muy simple: toma la iniciativa, retenla y explótala. Al apegarse a este principio, el comandante establece el ritmo, determina el curso de la batalla, aprovecha las debilidades del enemigo y capitaliza las situaciones inesperadas.

Robert Ronstadt, antiguo vicepresidente de la Universidad de Boston, le llamaba a esto el "principio del pasillo". Ronstadt descubrió que los empresarios exitosos se lanzan hacia sus metas y entran a un pasillo de posibilidades y oportunidades. A medida que avanzan por él, a sus costados aparecen otras puertas, otras oportunidades que los llevan a zonas que no habían anticipado en un principio.

En gran medida, el éxito se presenta en áreas distintas a las que pensaste. En una ocasión, el famoso general George S. Patton Jr., de la Segunda Guerra Mundial, dijo que la única defensa segura en la guerra era la ofensiva, y que la eficacia de la ofensiva dependía de las almas beligerantes de quienes la ejecutaban.

El principio de la ofensiva es pertinente para todos los niveles de la empresa: estratégico, operativo y táctico. Ningún negocio sobrevivirá en un ambiente altamente competitivo si la dirección duda en arriesgarse para aprovechar la iniciativa. Sin importar el giro del negocio, la acción ofensiva obliga a los competidores a reaccionar en lugar de actuar con antelación.

La acción ofensiva en el mercado es esencial para lograr resultados decisivos y conservar la libertad de acción, le permite al director ejercer la iniciativa e imponer su voluntad por encima del competidor. En una ocasión, Napoleón dijo que ninguna gran batalla se ganaba con una estrategia defensiva.

Los psicólogos han determinado que la sensación de control es la base de una actitud mental positiva y del optimismo. Esta sensación surge cuando controlas tu propia vida. En cambio, te sientes perdido cuando parece que alguien o algo más lo hace.

La mayor parte del estrés es producto de la sensación de que otras personas controlan aspectos importantes de tu vida o de tu trabajo. De hecho, si quieres convertirte en tu propio psicólogo, solo mira alrededor, analiza tu vida e identifica qué áreas te provocan estrés. Define con exactitud por qué y de qué maneras sientes que otras personas o circunstancias te controlan. Los hombres y las mujeres de alto desempeño tienen una noción personal del control muy sólida. Se consideran la principal fuerza creativa de su propia existencia. Se sienten a cargo de sí mismos y de cualquier cosa que les suceda.

Las personas ineficaces, es decir, las que están sujetas a emociones negativas y a excusas, y que culpan a otros, sienten que nunca tienen el control y que son las circunstancias las que deciden, es decir, los recibos que deben, sus jefes, su familia. Por todo esto, se quejan y critican a otros frecuentemente sin darse cuenta de que quienes están a cargo son ellas mismas.

Orientar la acción te brinda una tremenda noción del control. Cuando realizas acciones específicas para alcanzar las metas que te has impuesto, te sientes poderoso, sientes que eres el amo y señor del cambio. Sientes que eres tú quien hace que las cosas sucedan, no que solo esperas a que pasen. En épocas de turbulencia y de cambios vertiginosos, te va mucho mejor si actúas de manera constante para acercarte a tus metas y objetivos, que si juegas a la segura y prefieres no moverte.

Asimismo, si quieres bienestar y felicidad, es imprescindible que tengas ímpetu. Dicen por ahí que la felicidad es la materialización progresiva de un ideal que vale la pena. ¿Qué significa esto? Cuando sientes que avanzas paso a paso hacia la consecución de algo que te es importante, te sientes en control de tu vida. A medida que avanzas, incluso si es dando pequeños pasos, te identificas cada vez más como un ganador, y tu autoestima y el respeto que tienes por ti mismo aumentan. Te sientes más fuerte y seguro. Desarrollas niveles más elevados de valentía y de persistencia. Te sientes imparable. En cambio, cuando desaceleras o te detienes, empiezas a sentirte desmotivado, a percibir la negatividad. Tu estado de ánimo decae y te vuelves más susceptible a las influencias negativas.

Esta es la razón por la que todas las personas exitosas parecen estar siempre en movimiento. Todo el tiempo están ocupadas. Se mueven todo el día. Entre más rápido te mueves, más terreno cubres, entre más rápido te mueves, a más gente ves y mejores resultados obtienes. Entre más rápido te mueves, tienes más energía, te sientes más entusiasta y más respeto obtienes de la gente que te rodea.

APRENDE DE LOS MONGOLES

Actuar de manera continua es indispensable para tu felicidad, tu éxito y tus logros, y también es una decisión que tomas. De hecho, es tal vez la mejor estrategia que existe para el éxito. Te mueves constantemente. Te conviertes en un blanco movible y se vuelve imposible derribarte. Eres imprevisible porque, si no estás intentando una cosa, estás intentando otra. Si algo no te funciona, ya empezaste dos o tres proyectos más, lo cual hace que la ley de la probabilidad se ponga de tu lado. Como intentas muchas más cosas que la persona promedio, aumentas de forma drástica tus probabilidades de tener éxito.

El Imperio mongol de la Edad Media fue uno de los más grandes en la historia del mundo. En su auge, dominó un territorio que iba desde el mar de Japón hasta el río Danubio en Europa, y que incluyó buena parte de China, la India, la mayor parte de Rusia y casi todo el Medio Oriente hacia el Mediterráneo. De no ser por la muerte de Genghis Khan, su gran líder, y por el repliegue de los ejércitos mongoles del Danubio, habrían arrasado con toda Europa. A los mongoles, sin embargo, casi siempre los superaban en número. Cada ejército mongol constaba solamente de 20 000 hombres del cuerpo de caballería, pero como eran rápidos en la ofensiva y usaban tan bien el arte del engaño, lograban rodear y derrotar a fuerzas superiores una y otra vez.

Los perdedores de estos enfrentamientos volvían a casa y hablaban de la horda mongola como si la conformaran millones de soldados, pero los ejércitos nunca fueron tan numerosos —incluso en la actualidad, la población de Mongolia es bastante reducida— en realidad eran excelentes en la acción ofensiva. Como se podían mover muy rápido y aprovechar cada oportunidad con muchísima más agilidad que sus oponentes, lograron conquistar la mayor parte del mundo conocido.

Una de sus tácticas era el "asedio mongol". En la actualidad, este principio tiene una aplicación en tu vida y en tu trabajo. El ejército se acercaba a una ciudad amurallada, enviaban emisarios para proponer una tregua y una subsecuente rendición. Si la ciudad se negaba a rendirse, los mongoles la rodeaban e impedían que entraran o salieran suministros, y luego iniciaban una serie de acciones de sondeo en distintos lugares de las murallas. En cuanto encontraban un lugar por donde fuera probable entrar, el ejército se dividía en tres turnos conformados cada uno por un tercio de los soldados. Entonces comenzaba el ataque. Un turno atacaba esa sección de la muralla, luego lo relevaba el segundo turno y después el tercero. El asedio duraba veinticuatro horas diarias hasta que la muralla se venía abajo y, una vez que eso sucedía, los mongoles invadían la ciudad y se apoderaban de ella. Más tarde hacían lo mismo con la siguiente ciudad.

El principio del "asedio mongol" también es aplicable a tu vida. Un ataque continuo y sostenido hacia la consecución de tus metas servirá más para garantizar tu éxito que cualquier otra decisión que puedas tomar.

La gente no se queda corta y fracasa en la vida por falta de habilidades o de oportunidades, sino por la ausencia de enfoque y de una estrategia ofensiva continua. Muchos tal vez comienzan con fuerza, pero poco después se rinden, se repliegan y se relajan. Se toman las cosas con calma. Su forma de abordar la vida y el trabajo es casual y, como dijo el orador inspiracional Jim Rohn, hacer negocios de manera casual produce resultados casuales.

La clave para mantener una ofensiva continua es ser valiente. El gran autor británico C. S. Lewis escribió que la valentía no era solo una virtud, sino también la representación de todas las virtudes puestas a prueba. La buena noticia es que, entre más claros sean tus objetivos y más detallado sea tu plan ofensivo, más valentía y disposición tendrás para actuar, y más persistente serás para mantener tus acciones hasta lograr los resultados que deseas.

La principal razón por la que la gente fracasa no es el fracaso en sí mismo, sino el miedo a este. La mayoría fracasa muchas más veces de las que triunfa. En una ocasión, Charles Kettering, connotado investigador científico de General Motors, declaró que un inventor fallaba 999 veces, pero que si triunfaba una sola vez, lo había logrado. Kettering considera que sus fracasos son solo tiros de práctica.

Phil Knight, fundador de Nike, afirmó que la lección más valiosa que había aprendido se la dio un profesor de negocios que le dijo: "Solo necesitas tener éxito la última vez. Puedes fracasar incontables veces, pero un solo gran éxito borrará todos tus fracasos". Muchos autores escribirán libros y se los enviarán a los editores año tras año, recibirán cientos o incluso miles de notas de rechazo, pero uno de sus libros será aceptado y se convertirá en bestseller. Después de eso, el autor será un héroe para siempre y ese éxito borrará de golpe todos los años de frustración y de fracaso.

En la Operación Tormenta del Desierto, durante la Guerra del Golfo, el comandante pasó seis meses completos planeando y preparando todo antes de dar inicio al bombardeo aéreo. Después de treinta días de bombardeo, los estadounidenses se detuvieron y les preguntaron a los iraquíes si querían rendirse e irse de Kuwait, pero ellos rechazaron la oferta. Entonces Estados Unidos y sus aliados lanzaron el ataque terrestre que, por supuesto, habían preparado durante meses. Cuando esto comenzó, 330 000 soldados aliados atravesaron el desierto como una espada y fulminaron a todo el ejército iraquí en Basra, lo que dio fin a la guerra en solo cien horas. Un análisis posterior mostró que lo que en realidad definió el resultado fue que, tras el bombardeo aéreo, las fuerzas aliadas tuvieron la habilidad y la disposición de tomar la ofensiva.

En los negocios sabemos que las empresas que invierten mucho en investigación y desarrollo, y que mejoran sus productos y servicios constantemente, tienen mucho más éxito con el paso del tiempo que las que continúan vendiendo un producto o servicio exitoso, pero sin innovación ni mejoras. Al parecer, hay una relación directa entre el porcentaje de ventas que se asigna a la investigación constante y al desarrollo, y el crecimiento y la rentabilidad a largo plazo de la empresa. Los investigadores de negocios han descubierto que las empresas más exitosas tienen un mayor índice de introducción de productos nuevos que las menos exitosas. Empresas como Rubbermaid, por ejemplo, presentan un producto nuevo todos los días y desarrollan sus productos en conjunto con los clientes, consultándolos y tomando en cuenta sus necesidades específicas.

La mayoría de las empresas exitosas se ponen como objetivo que el 80% de sus ventas de cualquier año provengan de los productos desarrollados en los últimos cinco. Por supuesto, el índice de fracaso en la introducción de productos nuevos es de cerca del 80% porque, en cualquier año, saldrán al mercado miles de productos y servicios nuevos. El 80% falla, incluso después de haber realizado una exhaustiva investigación de mercado y pruebas. Del 20% de los productos que tienen éxito, cerca del 75% serán rentables hasta un punto razonable y, quizás, uno de veinte tendrá muchísimo éxito.

Los empresarios dedican incontables esfuerzos para mejorar estas probabilidades, pero en una era en la que el conocimiento, la información y la tecnología crecen sin control, y en que la competencia continúa aumentando, da la impresión de que las probabilidades siguen y seguirán siendo las mismas. Por todo lo anterior, los individuos y las empresas que desean tener éxito en un mercado competitivo tienen que jugar sometiéndose a las nuevas reglas, y según las nuevas reglas, deberás mantenerte a la ofensiva de manera continua. Tienes que avanzar constantemente, progresar, probar cosas nuevas, presentar nuevos productos y servicios, así como nuevas maneras de venderlos y comercializarlos.

Si trabajas en el área de ventas y quieres duplicar tus ingresos para que los próximos doce meses sean los mejores de tu vida, te daré una técnica simple que parece funcionarles a todas las personas, en cualquier lugar. Solo decide hoy mismo que les llamarás a cien posibles clientes lo más pronto posible. No te preocupes de si conseguirás ventas o no, solo prepara una introducción y una presentación de ventas sencilla. No pierdas el tiempo, preséntate, dile a la persona qué vendes y pregúntale si le interesaría comprarlo, si te dice que no, pregúntale por qué. Si te dice que sí, dale de inmediato la información que le ayudará a tomar su decisión de compra. Lo más importante es que no te inquiete si las personas que contactarás se convertirán o no en una venta. Si con tu actitud logras mostrarle al posible comprador que te interesa hacer negocios, pero no demasiado, ambos podrán relajarse. Esto te permitirá aprender sobre el negocio y sobre sus puntos fuertes y débiles más rápido de lo que imaginas. Más que nada, esta actitud te permitirá abrir puertas a las que tal vez ni siquiera te acercarías si lo que te preocupara fuera hacer la venta.

Si algo sabemos en los negocios, es que cualquier estrategia que estés usando en este momento dejará de funcionar después de un tiempo. Si tiene éxito, tarde o temprano tus competidores copiarán cualquier forma de publicidad o de promoción que estés usando. Por eso tienes que preguntarte constantemente: ¿cuál será mi siguiente milagro?

LA FÓRMULA MOEPA

Siempre deberás mantenerte a la ofensiva, buscando nuevas maneras de tomar la iniciativa y de asumir el control de tu impulso.

Hay una fórmula sencilla que puedes usar para ser más eficaz en la ofensiva, se llama "fórmula MOEPA" y se usa para planear de manera estratégica tanto en los niveles más altos de los negocios como en los niveles más sencillos del éxito personal. MOEPA es el acrónimo de *metas*, *objetivos*, *estrategias*, *planes* y *acciones*. Analicemos uno por uno.

LA FÓRMULA MOEPA

Metas Objetivos Estrategias Planes Acciones

Las *metas* son los estados finales o resultados que planeas obtener. Una meta es un destino. Es clara y específica, y tiene límite de tiempo. En cuanto alcanzas una meta, puedes enfocarte en la siguiente. Como lo mencioné en el capítulo anterior, tu capacidad para ser muy claro respecto a lo que quieres y a cómo se verá cuando lo logres será esencial para desbloquear tus poderes mentales.

Una buena meta, por ejemplo, sería duplicar tus ingresos en los próximos dos o tres años. Esta meta probablemente te ayudará a alcanzar tus otros objetivos más que cualquier otra. Como sea, el punto de partida siempre será tener una meta clara y específica.

La segunda letra es la O de *objetivos*. Estas son las cosas que tendrás que hacer, los pasos que deberás dar para alcanzar tu meta. Tal vez sean uno o varios. Si quieres duplicar las ventas o los ingresos de toda tu empresa, por ejemplo, habrá una serie de objetivos que tendrás que lograr primero. Si quieres duplicar tus ventas y tus ingresos personales, también habrá varias etapas. Para duplicar tus ventas, por ejemplo, tendrás que duplicar la cantidad de gente a la que le vendes, duplicar la cantidad que le vendes a cada persona o una combinación de estas dos estrategias.

Otro objetivo que deberías tratar de lograr en primer lugar podría ser duplicar tus habilidades en un área en particular.

En las ventas esto podría implicar hacer prospección, hacer presentaciones o conseguir referidos. ¿Qué objetivos tendrás que lograr para alcanzar metas como duplicar tus ingresos, por ejemplo?

Sea lo que sea, escríbelo. Organiza todos los objetivos por orden de importancia: ¿Cuáles son más importantes y cuáles menos? También organízalos por prioridad: ¿Cuáles necesitarás lograr de inmediato y cuáles podrás dejar para después? Todos estos pasos deben cubrirse incluso cuando se planea una ofensiva militar.

La siguiente letra de la fórmula MOEPA es la E de *estrategias*. Las estrategias son las distintas maneras en las que puedes lograr los objetivos para alcanzar tu meta. Una empresa que desea duplicar sus ventas, por ejemplo, podría decidir duplicar el tamaño de su fuerza laboral; esa sería una primera estrategia. Otra empresa podría decidir capacitar a sus empleados de manera más intensiva y mejorar así las habilidades de ventas; esa sería otra estrategia. Una tercera empresa podría decidir subcontratar todas sus funciones de prospección a través de una agencia de *telemarketing* especializada en prospectar para el tipo de producto o servicio en cuestión; esa sería una tercera estrategia.

EL ANÁLISIS FODA

Fortalezas Oportunidades Debilidades Amenazas

Cuando usas la fórmula MOEPA siempre estás llevando a cabo lo que se conoce como "análisis FODA", cuyas siglas se toman de *fortalezas, oportunidades, debilidades* y *amenazas.* ¿Cuáles son los puntos fuertes y los débiles de cada una de tus estrategias? ¿Cuáles son los puntos fuertes y los débiles de cada parte de tu organización en relación con una estrategia en particular? ¿Cuáles son las oportunidades en el mercado y qué amenazas representan los cambios o tus competidores?

Ahora te diré dos de los mayores errores que cometen los hombres y las mujeres de negocios en la actualidad. El primero es decir: "Quiero y, por lo tanto, puedo". Mucha gente confunde el deseo con la capacidad. El hecho de que quieras hacer algo no significa que seas capaz de hacerlo. Muchas de las empresas que tratan de entrar a diferentes negocios o industrias terminan perdiendo una gran cantidad de dinero porque descubren que no tienen la capacidad necesaria para desenvolverse en esa industria en particular. Antes de embarcarte en una estrategia, tienes que ser honesto contigo mismo y saber si puedes implementarla o no. El simple hecho de que *quieras* hacer algo no significa que *puedas* hacerlo.

El segundo error, muy similar, es cuando la gente piensa: "Como necesito, puedo". El hecho de que necesites sobrevivir y prosperar no significa que puedas hacerlo. También aquí debes ser muy honesto porque, de lo contrario, te causarás muchos problemas. ¿Cuáles son tus fortalezas? ¿Cuáles son tus oportunidades? ¿Cuáles de tus capacidades son únicas? Si decidieras hacer algo, ¿qué podrías hacer sin dudarlo? Sé honesto y objetivo respecto a tus capacidades y a tu situación. En una ocasión, Jack Welch, el famoso director ejecutivo de General Electric, dijo: "Ocuparemos el primero o el segundo lugar en todos los mercados a los que entremos y nos saldremos de cualquiera donde no lo seamos". Después agregó: "Si no tienes una ventaja competitiva, no compitas". En resumen, si no puedes hacer algo de manera excelente, lo mejor será que no comprometas recursos para hacerlo a medias. Algunos de los individuos más inteligentes y otras organizaciones deciden de forma deliberada abandonar una industria o un mercado en particular para enfocarse en un área en la que sí pueden lograr el liderazgo porque poseen las habilidades necesarias para hacerlo.

La cuarta letra de la fórmula MOEPA es la P de *planes*. Una vez que tengas metas claras, que hayas establecido los objetivos necesarios para lograrlas y seleccionado las estrategias que usarás, planea cada una de ellas. La regla del 20/80 es pertinente para la planeación: el 20% del tiempo que pases planeando y pensando en lo que harás antes de tomar la ofensiva equivaldrá al 80% del valor de los resultados que obtengas tarde o temprano.

Es bastante sencillo planificar, solo haz una lluvia de ideas de absolutamente todas las cosas que podrías hacer para implementar la estrategia y escríbelas. Revisa la lista un día después y añade cosas. Continúa añadiendo hasta que ya no se te ocurra nada más y luego organiza la lista con base en su importancia y tus prioridades. ¿Qué viene primero y qué viene después? ¿Qué es más importante y qué es menos importante?

La última letra de la fórmula MOEPA es la A de *acciones*. Las acciones son las actividades específicas que te comprometerás a hacer para llevar a cabo el plan y la estrategia, para lograr los objetivos y alcanzar la meta. Las acciones son específicas, mensurables, tienen límite de tiempo y se les asignan a individuos específicos. Esto significa que *alguien* es responsable y nada queda al azar. Todos saben con exactitud qué se supone que deben hacer, cuándo y cómo deben hacerlo, y cómo será evaluado. Asimismo, todos saben lo que se supone que harán los demás.

El tiempo que inviertas en pensar bien y en planear la consecución de tu meta más importante te brindará recompensas mucho mayores al esfuerzo que realices. A pesar de que el plan cambiará en cuanto des inicio al proyecto, el simple hecho de pensar todos los detalles te garantizará mayor probabilidad de éxito que si lo hubieras iniciado sin tener en cuenta todo lo que podría salir mal. La gente exitosa no siempre toma las decisiones correctas, pero sí toma sus decisiones de la manera correcta. Una de las ventajas de la filosofía de la acción continua y de mantenerse a la ofensiva todo el tiempo es que obtienes más retroalimentación más rápido que de cualquier otra manera.

Después de varios años en los que los automóviles convertibles dejaron de estar de moda, Lee Iacocca, otrora presidente de Chrysler, quiso averiguar si habría un mercado para el nuevo convertible de la empresa. Les preguntó a los ingenieros cuánto tiempo les tomaría construir un automóvil con estas características para que él pudiera conducirlo por la ciudad, y le respondieron que les tomaría dos años. Iacocca les explicó que lo quería de inmediato, que podrían tomar un soplete y quitarle el techo a un automóvil que ya tuvieran, y que para él bastaría con eso.

Cuando el nuevo convertible estuvo listo, el presidente de Chrysler lo sacó y lo condujo por las calles de Detroit. Dondequiera que iba, la gente lo saludaba ondeando la mano y sonreía. Ese fue todo el estudio de mercado que necesitaba. Regresó a la planta y les ordenó a los ingenieros producir un convertible que se convertiría en un tremendo éxito en el mercado.

Las personas con más alto desempeño son reconocidas por actuar con rapidez; luego de actuar, reciben retroalimentación inmediata y corrigen sus errores. Cuando reciben datos que contradicen sus ideas previas, los incorporan enseguida a su base de información existente y la modifican de ser necesario. Son blancos que no dejan de moverse. Rara vez se detienen ni por un instante.

Los directores corporativos y gerentes que practican el principio de la ofensiva también permanecen en movimiento constante. Se mueven y se mezclan con sus empleados de manera regular, pasan tiempo con la gente, escuchan sus preguntas y sus ideas, preguntan cuáles son los problemas y asimilan la retroalimentación en todo momento. Siempre saben qué está sucediendo porque siempre están tomándole el pulso al negocio.

Los gerentes de ventas más exitosos pasan el 70% del tiempo o más llamándoles a los clientes desde las áreas donde están sus vendedores. Gracias a esto, están muy conscientes de lo que enfrentan los empleados, de lo que los clientes solicitan y de las preguntas o los problemas que existen en el mercado, y que podrían causar que la empresa cambie o realice correcciones.

En la Segunda Guerra Mundial, el general alemán Erwin Rommel era conocido como *Desert Fox*: el Zorro del Desierto. Rommel fue uno de los mejores generales del siglo xx, su estrategia consistía en la acción continua, en la ofensiva permanente. Cuando Hitler lo envió al norte de África para apoyar a los italianos, los británicos sabían que se acercaba, pero no se preocuparon porque dieron por hecho que le tomaría varias semanas disponer de las tropas, los tanques y las municiones para avanzar hacia el frente. Sin embargo, para nada era el estilo de Rommel.

En cuanto sus hombres, sus tanques y los camiones empezaron a descender en Trípoli, lanzó un ataque a las posiciones británicas. A medida que más hombres y tanques bajaron de los barcos, los envió al frente. Esto tomó a los británicos por sorpresa. Perdieron casi toda su división armada en el desierto y tuvieron que huir de vuelta a Egipto. Aunque las fuerzas enemigas casi siempre superaban en número a las de Rommel, sus inclementes y continuas ofensivas desconcertaron a los británicos en cada ocasión.

Tal vez la parte más importante del principio de la ofensiva tenga que ver con proyectar hacia adelante, unos tres o cinco años, para decidir quién querrás ser y qué querrás estar haciendo entonces.

¿Qué pasos tendrás que dar para cumplir tus metas y lograr tus objetivos en tres o cinco años? Si tienes un negocio propio, deberás determinar dónde querrás que esté tu empresa y cómo querrás que la gente la conozca en ese momento. ¿De qué manera querrás que se hable de tu empresa en el mercado? ¿De qué tamaño querrás que sea? ¿Cuál será la reputación que desearás haber creado para ella? ¿A quiénes querrás como clientes? ¿A qué tipo de personas necesitarás contratar y retener? ¿Qué tipo de ventas y qué niveles de rentabilidad necesitarás para alcanzar tus objetivos estratégicos a largo plazo?

Como individuo, deberás considerarte autoempleado, deberás verte como el presidente de tu propia empresa. Tendrás que verte como el director o la directora de una empresa con un solo empleado: tú mismo. Tendrás un solo producto que vender en el mercado: tus servicios. Tu empleo consistirá en vender tus servicios con la mejor calidad y en la mayor cantidad posible en medio de un mercado cada vez más competitivo.

¿Qué tienes que hacer para alcanzar tus metas hoy? ¿Qué habilidades y aptitudes tendrás que desarrollar? ¿Qué pasos deberás dar para alcanzar tus metas y lograr tus objetivos en los meses y años por venir? El planeador estratégico Michael Camy asegura que quienes no planean para el futuro no pueden tener uno. La capacidad de establecer objetivos estratégicos y de lograrlos es la habilidad esencial y la prueba más difícil del liderazgo, el cual no implica tener un puesto, sino actuar. El liderazgo es desempeño, no planeación. El liderazgo es, más que cualquier otra cosa, resultados.

Tu capacidad para pensar bien lo que quieres lograr y luego actuar de forma continua para avanzar hacia tus metas y tus sueños será la clave de tu éxito. Ninguna gran batalla se ha ganado con una estrategia defensiva.

LECCIONES DE ALEJANDRO MAGNO

En 333 a. C., en la batalla de Issos, en lo que ahora es Turquía, los ejércitos de Alejandro Magno de Macedonia se encontraron con los del rey Darío III de Persia en medio de un gran conflicto. Darío tenía alineados a sus ejércitos de un lado del río, a lo largo de la ribera. Cuando Alejandro Magno se acercó al lugar desde el otro lado del río, Darío hizo que sus ejércitos se extendieran cuarenta kilómetros a lo largo de la ribera, pero su pesada infantería se quedó al centro y la caballería en los flancos. Esperaba que Alejandro se acercara del otro lado del río y planeaba reacomodar a su ejército para la batalla. Alejandro tendría que cruzar el río y atacar por la ribera, lo cual, como previó Darío, lo dejaría en gran desventaja.

Los dos generales nunca se habían enfrentado en una batalla, sin embargo, Alejandro era muy valiente, decían que no le tenía miedo a nada. Además, tenía la habilidad de moverse tan rápido que a nadie a su alrededor le daba tiempo siquiera de sentir miedo. Alejandro envió a algunos soldados a explorar y, cuando regresaron, le reportaron cómo se habían desplegado las tropas persas. Alejandro continuó enviando mensajeros a medida que guiaba al ejército y, cuando llegaron al lugar de la batalla, en lugar de detenerse a organizar a sus hombres, la caballería, liderada por él mismo, atacó separándose del grupo principal. Las fuerzas persas desplegadas a lo largo de la ribera estaban de pie, algunos de los hombres estaban comiendo cuando vieron a las tropas enemigas acercarse. De pronto, Alejandro Magno y los 6000 soldados de la caballería macedonia cruzaron el río y atacaron al ejército persa justo en el centro.

Alejandro siempre pensó que el punto más fuerte del enemigo era también el más débil. Creía que, si primero atacaba lo que el enemigo más protegía, fuera lo que fuera, produciría un mayor daño psicológico. El ejército persa estaba apostado alrededor de la persona de Darío III, es decir, del rey, y ahí fue donde atacó Alejandro Magno. Tomó a los soldados por sorpresa y, mientras tanto, la caballería macedonia, que se encontraba al final del ejército, ya había cruzado el río y estaba arrasando la ribera en el flanco izquierdo de los persas. Súbitamente, un día hasta cierto punto tranquilo se tornó en una pesadilla porque los macedonios aparecieron, no solo al centro del ejército persa, sino también atacando desde fuera. La milicia persa se quebró. Los hombres estaban confundidos y desorganizados. A pesar de que las tropas persas tenían más de 50000 hombres y el ejército de

Alejandro solo contaba con 22 000 y la caballería, los macedonios vencieron en menos de dos horas.

La autora Dorothea Brande escribió estas maravillosas palabras respecto a la valentía y el éxito: "Decide con exactitud lo que quieres y luego actúa como si fuera imposible fallar". Tus deseos, tu objetivo, tu meta es triunfar. Decide con precisión tu meta, siéntate y haz un plan para alcanzarla. Luego actúa y continúa trabajando de forma implacable hasta que superes todos los obstáculos y, eventualmente, triunfes.

Inclinarse por la acción es y siempre ha sido la cualidad más obvia y observable en la gente exitosa, pero tú también puedes desarrollarla si te decides a hacerlo. Nadie podrá detenerte, solo tú si quisieras, pero no hay mejor forma ni más rápida para atravesar la barrera que te impide llegar al éxito, que atacándola de frente. Así que, como dice Michael Jordan: "*Just do it*".

PUNTOS ESENCIALES

- El principio de la ofensiva consiste en tomar la iniciativa, retenerla y explotarla.
- Una actitud mental positiva surge de la sensación de control.
- La gente ineficaz se siente fuera de control.
- La gente exitosa se mantiene en movimiento constante.
- Hacer negocios de manera casual siempre produce resultados casuales.
- La valentía es la representación de todas las virtudes puestas a prueba.

- Solo necesitas tener éxito la última vez.
- La fórmula MOEPA es: metas, objetivos, estrategias, planes y acciones.
- Proyéctate tres o cinco años hacia el futuro y decide dónde querrás estar y qué querrás estar haciendo.
- Considérate el presidente de tu propia empresa.
- Decide con exactitud lo que quieres y luego actúa como si fuera imposible fallar.

Capítulo 3

¡Simplifica!

Vivimos en la época más ajetreada de toda la historia humana. Tienes demasiado que hacer y muy poco tiempo para hacerlo. Asimismo, es posible que tu vida cambie cada vez más rápido y se vuelva cada vez más compleja día con día. Para sortear las barreras que te impiden llegar al éxito y lograr todo aquello de lo que eres capaz, deberás aprender a simplificar tu vida.

En la estrategia militar, al principio de la simplicidad se le define así: traza planes claros y sencillos, y órdenes inteligibles y concisas para asegurarte de que todos las entiendan. En todas las comunicaciones, el comandante debe hacer el mayor esfuerzo posible para eliminar hasta la más mínima probabilidad de que haya malentendidos, y la simplicidad ayuda a lograr este fin.

En tu vida, aplicar el principio de la simplicidad implica la búsqueda constante de estrategias para reducir la cantidad de cosas que haces y concentrar tu tiempo, atención y energía en aquellas que contribuirán más a tu vida y tus metas.

A lo largo de la mayor parte de la historia de la humanidad, el suelo ha sido la principal fuente de valor. La mayoría de las guerras se libraron por el deseo de poseer tierras y propiedades, los imperios crecieron de forma proporcional a su capacidad para arrebatar territorios y controlarlos. Como la mayor parte del mundo era agrícola, se creía que poseer la base agraria de una sociedad era la mejor manera de adquirir y conservar la riqueza y el poder.

Al principio del siglo xx, las cosas cambiaron y se puso énfasis en el capital. En esos cien años, la mayoría de los conflictos más importantes tuvieron como razón la adquisición de capital: fábricas, maquinaria, edificios, equipo y ciudades. El dinero y todas las cosas que este podía comprar se convirtieron en la fuerza impulsora de la actividad humana.

En la actualidad atravesamos un cambio mayúsculo de paradigma. La tierra y el capital continúan siendo importantes, pero la principal fuente de valor es el conocimiento. Tu capacidad para adquirir conocimiento práctico y útil, y para aplicarlo rápido para beneficiar a otros es la clave de tu futuro financiero y de tu éxito. El principio de la simplicidad es esencial para determinar cómo podrías hacer más de las cosas que le aportan mayor valor al mundo que te rodea.

El principio más importante para la eficacia personal es el de la claridad combinado con el de la concentración, del cual hablaré más adelante. Tu meta consistirá en desarrollar una noción aguda de lo que puedes hacer para producir un valor real para tu entorno y, luego, te concentrarás en ello. Debes ser disciplinado y evitar las distracciones y las diversiones. Tendrás que evitar todo lo que te desvíe, como actividades que tal vez sean divertidas y sencillas, pero que no aportan casi nada. Los caminos secundarios son siempre resbalosos.

A lo largo de la historia humana, todo el progreso se ha manifestado como resultado de la simplificación en la ciencia, la tecnología, la manufactura, los negocios, la medicina y todas las otras áreas del empeño del ser humano. Simplificar significa utilizar nuevas y mejores maneras de pensar y actuar que permitan lograr los mismos resultados, si no es que mejores, con menos tiempo y recursos. Tu tarea consiste en organizar tu vida de tal forma que puedas realizar menos actividades, pero que esas actividades sean más importantes y valiosas.

¿Cómo decidir si algo es importante? Es muy sencillo, solo tienes que revisar tus metas y tus objetivos. Cada actividad puede ser sopesada, medida y evaluada con respecto a lo que en verdad quieres de tu vida, relaciones y trabajo. Cualquier cosa que contribuya al logro de tus metas representará un uso valioso y provechoso de tu tiempo; cualquier cosa que no contribuya a ese fin, será fútil. Asimismo, entre mayor sea la contribución potencial de una actividad en particular al logro de tus metas, mayor valor tendrá. Todo lo demás será un desperdicio de tiempo relativo.

El principio de la simplicidad exige que busques constantemente formas de reducir la cantidad de pasos y tiempo que te toma una tarea en particular. El tiempo es dinero, el tiempo es vida, es perecedero e irremplazable. El tiempo no puede ahorrarse, solo gastarse. Únicamente puede ser reasignado a actividades valiosas en lugar de seguirlo desperdiciando en insignificancias. Entre más actividades de gran valor realices, más próspera y feliz será tu vida. Simplificar tu vida puede mejorar significativamente la calidad de tus actividades y tus resultados.

LA LEY DE LA COMPLEJIDAD

Hace algunos años, después de haber estudiado las diferencias entre la simplicidad y la complejidad durante mucho tiempo, desarrollé lo que llamo "la ley de la complejidad". De acuerdo con esta ley, la cantidad de pasos que implique cualquier proceso tendrá un efecto excesivo en el tiempo, la complejidad y el costo potencial del proceso mismo. Mi fórmula indica que el costo potencial y la posible cantidad de errores y de tiempo necesario para cada actividad aumenta de forma exponencial la cantidad de pasos requerida para completarla. Permíteme explicarte.

> Ley de la complejidad: la cantidad de pasos que implique cualquier proceso tendrá un efecto excesivo en el tiempo, la complejidad y el costo potencial.

Si decides, por ejemplo, hacer una llamada telefónica para hacerle llegar un mensaje a alguien, estamos hablando de una actividad de un solo paso. La raíz cuadrada de uno sigue siendo uno. El nivel de complejidad es muy bajo y la probabilidad de desperdiciar tiempo también. Hay muy pocas posibilidades de que se produzcan malentendidos o problemas de comunicación.

Ahora bien, digamos que le pides a alguien que haga una llamada telefónica y que pase el mensaje en tu nombre. Ahora el proceso tiene dos pasos, el nivel de complejidad se potencia al doble o incluso se cuadruplica. La persona podría o no hacer la llamada, y podría o no pasar el mensaje con precisión. Quien reciba el mensaje podría no entender con exactitud qué quieres lograr con la llamada. La complejidad se multiplica por cuatro cuando le pides a alguien más que haga la llamada en lugar de hacerla tú mismo.

Tal vez por esto muchos ejecutivos *senior* hacen sus propias llamadas y contestan su teléfono, porque comprenden que, aunque parezca un poco inconveniente, les puede ahorrar una gran cantidad de tiempo y malentendidos a largo plazo.

Ahora supongamos que le pides a alguien que *le pida a alguien más* que haga la llamada para pasar el mensaje y obtener cierta información. Ahora tienes tres pasos en el proceso y tres se multiplica a nueve o, digamos, a una complejidad nivel nueve. La probabilidad de cometer un error o de que haya un problema de comunicación, y de que sea necesario hacer una llamada de seguimiento para aclarar o rectificar la situación es nueve veces más alta que si solo hubieras hecho la llamada tú mismo.

Antes de desarrollar esta ley de la complejidad, yo incluía a mucha gente en los proyectos de mi empresa, incluso en los más simples. En algún momento, por ejemplo, decidimos publicar un boletín informativo en el que les anunciaríamos a nuestros distribuidores nuestros nuevos productos. Fuimos seis personas las que nos involucramos en el proceso. Teníamos que decidir varios aspectos en conjunto: la redacción o el material escrito, el tipo de papel, el trabajo visual o el diseño, las direcciones de correo postal y la agencia de correo encargada. Como la impresión era a color, también tuvimos que pensar en el impresor, en el costo y en la programación de la impresión, en los productos que mencionaríamos y en los distintos tabuladores de los productos, entre otras cosas.

Cada miembro del equipo se hizo responsable de una o varias actividades para producir y enviar por correo el boletín. Como había seis personas involucradas, ya teníamos un nivel de complejidad a la sexta potencia, es decir, de 36, y como cada persona tenía una o varias responsabilidades, creo que ni siquiera alcanzamos a ver bien el nivel de complejidad. En lugar de terminar el boletín en un par de semanas, pasaron seis meses y, cuando al fin lo produjimos, el color y el tamaño de la fuente eran incorrectos, y los sobres no incluían una dirección de remitente que la gente pudiera utilizar para responder ni un número al cual llamar. Fue una pesadilla.

La siguiente vez que decidimos hacer un boletín informativo, una persona decidió respecto a la redacción y el contenido, y otra se encargó del material gráfico, del diseño y del envío. El boletín estuvo listo en treinta días y no hubo errores.

La complejidad provoca una enorme cantidad de estrés y tensión. Piensa en lo que pasa cuando te empiezas a sentir abrumado porque tienes muchísimo que hacer en muy poco tiempo: empiezas a sentirte como rata en caminadora, corres cada vez más rápido, pero avanzas muy poco. A veces no puedes dormir porque solo das vueltas en la cama con la preocupación de que tal vez no termines a tiempo.

La clave es simplificar tu vida de todas las formas posibles. A continuación, te daré algunas de las técnicas de simplificación que aplican las personas más eficaces, productivas y mejor pagadas de nuestra sociedad.

EL PODER DE LA LISTA

Primero piensa en papel. No hay una manera más rápida ni mejor de recuperar el control de tu vida que haciendo una lista, así que toma una libreta, piensa todo lo que tienes que hacer y empieza a escribir las tareas, una por una. La libreta es la herramienta de administración del tiempo más poderosa que conozco. El simple hecho de escribir todo lo que tienes que hacer en el futuro cercano te dará una tremenda noción de control y te hará sentir que tú eres quien controla tus actividades, y no al contrario. El simple hecho de escribir y organizar tus actividades en una lista de inmediato te permitirá hacer todo con más eficiencia.

En 1918, Charles M. Schwab (a quien no hay que confundir con el asesor de inversiones Charles R. Schwab) era el gerente de la titánica Bethlehem Steel Company. Schwab contrató a Ivy Lee, un connotado experto en administración, y le pidió algo muy específico.

—Muéstrame una manera de concluir más actividades —dijo Schwab.

—Dame quince minutos con cada uno de tus ejecutivos —contestó Lee.

—¿Cuánto me costará? —preguntó Schwab.

—Nada —contestó Lee—. A menos de que funcione. Tres meses después de hablar con ellos, podrás enviarme un cheque por la cantidad que creas que recompensa mi trabajo.

Lee se reunió con cada uno por separado y a todos les enseñó la técnica siguiente.

Al final de cada jornada, cada ejecutivo tendría que escribir las seis tareas más relevantes que debería realizar al día siguiente y organizarlas por orden de importancia.

Al día siguiente, cada uno tendría que concentrarse solamente en la primera tarea y trabajar en ella hasta terminarla.

Tendría que abordar el resto de la lista de la misma manera. Al final de la jornada tendría que transferir todas las tareas no terminadas a la lista para el siguiente día y repetir el proceso todos los días laborables.

Tres meses después, Schwab le envió a Ivy Lee un cheque por 25 000 dólares, lo cual equivale a más de 509 000 en dólares de 2023.

Tú puedes hacer lo mismo. Antes de empezar a trabajar, haz una lista de todo lo que tienes que hacer. Consolida todas tus actividades en un solo lugar, de preferencia en una sola herramienta de planeamiento. En la actualidad hay muchas en el mercado. Todas estas herramientas pueden ayudarte si las usas de manera regular porque la esencia es la misma en todos los sistemas. Consigue un sistema que contenga una lista maestra, escribe ahí todo lo que tengas que hacer en el futuro y, cuando surja algo nuevo, agrégalo de inmediato. Hay un proverbio chino que dice: "La tinta más tenue es más fuerte que el mejor recuerdo".

A partir de tu lista maestra crea una lista mensual. Escribe todo lo que tengas que hacer ese mes y, a medida que surjan nuevas tareas, escríbelas en la lista maestra o añádelas a la lista mensual.

A partir de tu lista mensual, crea una lista semanal. Planea todas las semanas de forma anticipada, de preferencia, el fin de semana previo. He hablado con muchas personas exitosas cuya vida se transformó por completo, y pasó de la confusión y el desorden al éxito y el alto desempeño solo porque cada fin de semana se tomaron algo de tiempo para planear los días por venir y los organizaron hora por hora.

De hecho, uno siempre puede saber cuán exitoso es alguien con solo preguntarle en dónde estará dentro de dos o tres días a las tres de la tarde. La gente exitosa puede decirte de inmediato en donde estará en algunos días; la gente que no tiene éxito no tiene idea.

A partir de la lista semanal, crea una lista diaria. El mejor momento para crear una lista diaria es la noche anterior, esto le permite a tu subconsciente trabajar en la lista durante la noche. En la mañana, cuando despiertes, con frecuencia tendrás percepciones e ideas para lograr tus metas y para terminar tus actividades de una manera más eficiente y eficaz.

En todo caso, siempre haz una lista antes de empezar y trabaja en ella a lo largo del día. A veces surgirá algo nuevo, puede ser una llamada telefónica o una solicitud para transmitir un mensaje, no importa. Anótalo en la lista de cualquier forma. Al final del día podrás revisarla y confirmar que tienes un registro claro de lo que lograste. En la actualidad, una de las mayores fuentes de estrés es la sensación de haber trabajado arduamente todo el día, pero sin haber logrado mucho. Una lista no solo te brinda una noción de control y de poder personal, sino que también tendrás una tremenda sensación de logro al revisarla al final del día.

Al final de cada jornada toma tu lista y crea una nueva para el día siguiente. Transfiere a ella todo lo que no pudiste lograr ese día. Cuando completes la lista, el día habrá terminado, podrás relajarte y olvidarte del trabajo, sabrás que estás organizado al máximo y que cuando te despiertes, a la mañana siguiente, estarás listo para comenzar.

Si quieres simplificar tu vida, establece prioridades en las actividades de la lista. Recuerda la regla 80/20: 20% de las cosas que hagas equivaldrán al valor de 80% de todo lo que hagas. Esto quiere decir que siempre deberás trabajar en el 20% de las actividades que representen el mayor valor.

En un experimento reciente, se les pidió a varios gerentes que hicieran una lista de las cosas que más les gustaba hacer en el trabajo. Ellos las escribieron en un rotafolio y luego pegaron las hojas en la pared con cinta adhesiva. Enseguida se les pidió que hicieran una lista de las cosas que más se les dificultaban o que más les desagradaban. También las escribieron en el rotafolio por separado y luego las pegaron en la pared. Después de eso se presentó y se habló de la regla 80/20.

Les preguntaron a los gerentes qué lista contenía el 80% de las actividades que contribuían muy poco y cuál contenía el 20% de las que aportaban el mayor valor. Aunque un poco avergonzados, reconocieron que las tareas difíciles, engorrosas y desagradables de la segunda lista correspondían al 20% de las actividades que aportaban el mayor valor.

Siempre sucede así, las tareas divertidas y sencillas contribuyen muy poco, en cambio, las tareas abrumadoras y difíciles suelen tener consecuencias enormes. La clave está en la palabra *consecuencias*. Las posibles consecuencias de una actividad determinan su valor o la falta de este. Algunas de las actividades que realizas a lo largo del día no tienen consecuencias potenciales en absoluto.

Resulta sorprendente ver a la gente que llega a trabajar y que, antes que otra cosa, empieza a pensar en su primer café del día; hablan de él y del descanso para almorzar. Por desgracia, uno podría tomar descansos para tomar café los próximos treinta años y eso no le aportaría nada a su vida personal ni a su trabajo. Esos descansos no tienen consecuencias potenciales para la carrera de una persona o, al menos, ninguna positiva.

Por otra parte, uno siempre puede hacer de inmediato ciertas cosas que tienen enormes consecuencias. Algunas actividades generan resultados tremendos que pueden ayudarnos, a nosotros y a nuestra organización, a avanzar. Casi siempre, estas actividades serán más difíciles y desafiantes que las tareas divertidas y sencillas, pero las personas exitosas están más preocupadas por los resultados satisfactorios y los logros que por los métodos y las actividades agradables.

EL MÉTODO ABCDE

Antes de empezar a trabajar, puedes usar el sencillo método ABCDE para organizar tu lista de actividades. Este método es una gran herramienta para la simplificación y aumenta drásticamente la calidad y la cantidad de tu producción.

Para aplicar el método, solo tienes que pensar. Antes de empezar, deberás tener claro cuáles son las maneras más valiosas de ocupar tu tiempo.

EL MÉTODO ABCDE

A. Cosas que debes hacer
B. Actividades con consecuencias menores
C. Actividades que no tienen consecuencias

D. Tareas que se deben delegar
E. Tareas que debes eliminar

Cuando ya tengas tu lista diaria, deberás escribir una letra junto a cada una de las actividades o tareas: A, B, C, D o E. Las actividades A son las cosas que debes hacer, las cosas que tendrán serias consecuencias dependiendo de si las haces o no. Si no las ejecutas de la forma correcta o a tiempo, provocarán verdaderos problemas. Estas actividades son las más importantes de tu lista. Entre todo lo que haces, representan el 20% de aquello que aporta un mayor valor. Si tienes que hacer más de una actividad tipo A, organízalas de esta forma: A1, A2, A3, y así sucesivamente.

Las actividades B son las del segundo tipo. Son cosas que deberías hacer, pero que tendrán consecuencias menos importantes si las haces o no. Si no las realizas, tal vez a alguien le resulte inconveniente, quizá no le dé mucho gusto, pero las consecuencias no serán mayores, no serán tan importantes como las que habría si no hicieras una actividad A. La regla es: nunca hagas una actividad B si todavía hay una actividad A que no has realizado.

La tercera letra, la C, se refiere a las actividades o tareas que no tienen consecuencia alguna: descansos para tomar café, almuerzos, leer el periódico o un boletín, llamar por teléfono a tus familiares o amigos, pasar a recoger la ropa a la tintorería o ir a dejar la ropa sucia a la lavandería. Si no haces algo de esto no habrá una consecuencia potencial, ni para tu vida ni para tu carrera. Aquí aplica de nuevo la regla: si todavía tienes actividades o tareas B sin hacer o sin terminar, deberás resistir la tentación de comenzar una C. Recuerda que nunca deberás hacer una tarea B si todavía queda una tarea A que no hayas terminado.

Esta decisión de concentrarte de forma exclusiva en las actividades A dependerá de tu carácter, tu poder de voluntad y tu disciplina. Si puedes obligarte a enfocarte en las actividades A y dejar todo lo demás a un lado, en algún momento tendrás mucho éxito. Si no puedes lograrlo, siempre tendrás que trabajar para alguien más.

A continuación, tenemos la letra D de delegar: delégale todas las tareas que puedas a alguien capaz de realizarlas, de esa forma desbloquearás más tiempo para las pocas cosas que solo tú puedes hacer. A medida en que crezcas en tu carrera y tu vida, tendrás que delegar muchas de las actividades que realizabas cuando tenías un nivel bajo de ingresos y de responsabilidad.

En una ocasión, una exitosa vendedora de bienes raíces me dijo que se sentía muy culpable de no estar en casa lavando la ropa, preparando las comidas y manteniendo el lugar limpio para su familia. Sin embargo, era tan exitosa en su negocio que no tenía suficiente tiempo para dedicarle a todo eso. Aun así, se sentía atrapada en un dilema. ¿Qué podría hacer?

Le expliqué que ella ya no formaba parte de la fuerza laboral, que ahora era un miembro de la administración. Es decir, su responsabilidad no consistía en hacer el trabajo personalmente, sino en encargarse de que alguien más lo hiciera de forma adecuada. Tendría que aprender a seleccionar y luego a delegar, y solo entonces podría cumplir con sus responsabilidades, tanto las que tenía con su familia, como las de su vida profesional.

En tu caso será lo mismo. Deberás pensar de manera continua, consciente y deliberada en las actividades nimias que realizas, que consumen valiosos minutos y horas, y que podrías delegarles a otros para desbloquear tu tiempo y hacer aquello que solo tú puedes hacer.

La quinta letra es la E de *eliminar.* Este es uno de los pasos más importantes para simplificar tu vida y tener mucho éxito. Tiene que ver con el hecho de establecer prioridades y posterioridades. Una prioridad es algo que haces más y más pronto. Es una tarea A que tiene que resolverse porque tiene serias consecuencias potenciales para tu vida y tu trabajo. Una posterioridad, en cambio, es algo que haces menos y que dejas para después, si es que acaso lo haces. Una posterioridad es algo para lo que debes reducir de forma drástica el tiempo asignado o de plano interrumpirlo.

A lo largo de tu vida te verás obligado a involucrarte en tareas de bajo valor. Muchas de las cosas que haces ahora valen poco en comparación con otras actividades que necesitas hacer. Cuando empezaste a hacerlas tal vez parecían importantes o disfrutables, pero ahora, con el paso del tiempo, ya no son tan relevantes como otras acciones que pueden contribuir más a que alcances el éxito.

Para empezar a hacer algo nuevo, tienes que interrumpir una tarea previa, es decir, entrar a algo significa salirse de otra cosa. Tomar algo significa dejar algo más, implica establecer posterioridades y prioridades. La simplificación de tu vida es uno de los principios de administración del tiempo más poderosos y esenciales que hay, y solo lo logras reduciendo la cantidad de cosas que realizas en este momento. No puedes hacer todo lo que tienes que hacer. Para llevar a cabo las pocas acciones que en realidad significarán una diferencia en tu vida, tendrás que dejar de hacer aquellas que solo representan una contribución menor.

Si no estás seguro de cuáles actividades deberían convertirse en posterioridades, pregúntale a la gente de tu entorno: ¿Hay algo que esté yo haciendo que pudiera dejar de hacer sin que me provocara muchos problemas? Pregúntale a tu jefe, a tus compañeros de trabajo, a tu secretaria. Pregúntales a los miembros de tu familia. Todos tenemos puntos ciegos, es decir, actividades en las que nos involucramos, a menudo de una forma ineficiente e ineficaz, y que nos aportan muy poco a nosotros mismos y a los demás.

Todos somos criaturas de hábitos, en cuanto empezamos a hacer algo, lo seguimos haciendo. Como dice la canción "Old Man River": seguimos remando. Solo cuando paramos en seco o cuando alguien más nos hace ver que invertimos demasiado tiempo en algo que aporta muy poco, nos damos cuenta de que ya desarrollamos un hábito con el que no aprovechamos bien nuestro tiempo.

En una ocasión di una conferencia para una empresa muy exitosa cuya presidenta era una mujer de negocios muy capaz y competente. Después de que hablamos de la diferencia entre prioridades y posterioridades, me dijo que iba a aplicar esta noción de inmediato para simplificar su vida de forma radical. Me contó que formaba parte de tantos consejos directivos y comités en su ciudad, que cada vez tenía menos tiempo para sus dos hijos pequeños y el resto de su familia.

Unas dos semanas después, recibí una carta suya. Me dijo que había renunciado a todos los consejos directivos comunitarios y comités, excepto a dos. Se dio cuenta de que las organizaciones solo querían que ella fuera miembro porque podía canalizar y hacerles llegar contribuciones caritativas. Cuando les aseguró que su empresa continuaría contribuyendo, pudo renunciar sin que nadie se quejara. Me dijo que simplificar las cosas mejoró radicalmente la calidad de su vida en las áreas que le parecían las más importantes.

Tú puedes hacer lo mismo a tu manera. ¿Qué actividades te consumen tiempo? ¿Cuáles podrías eliminar de inmediato? ¿Cuáles le aportan muy poco a tu vida y solo consumen una enorme cantidad de tu tiempo?

El adulto estadounidense promedio ve la televisión cinco horas y cincuenta minutos y conduce escuchando la radio un promedio de entre hora y media, y dos horas todos los días. También pasa entre una y dos horas diarias leyendo el periódico. ¿Cuántas de estas actividades podrías recortar o eliminar para liberar tiempo para otras mucho más importantes y valiosas?

Si quieres simplificar tu vida, puedes empezar deshaciéndote de cosas. Si dudas, solo deshazte de ello. Nos hemos convertido en un país de acumuladores compulsivos. Acumulamos más y más cosas, tratamos de aferrarnos a ellas, llenamos nuestras alacenas, los cajones, las cocheras e incluso pequeñas bodegas en grandes almacenes con cosas que no hemos usado en meses y, a veces, en años. Tal vez nunca volveremos a verlas, pero por alguna razón no podemos deshacernos de ellas. Tenemos la incómoda sensación de que algún día, de algún modo, las podríamos necesitar de nuevo.

Casi todas las personas que se dedican a los negocios tienen apiladas hojas y hojas que planean leer algún día. Continuamos almacenándolas para cuando nos pongamos al día con todo lo demás y podamos leerlas, pero eso nunca sucede. Si no has leído algo en los últimos seis meses, ya se convirtió en basura, así que tíralo. Lo más probable es que no lo vuelvas a necesitar. Si en verdad es importante, pronto aparecerá con otra forma, en una publicación distinta.

Despeja tu espacio de trabajo por completo, siempre trabaja en un escritorio limpio y evita la tendencia a apilar cosas. Se ha demostrado que la gente que dice que puede trabajar en entornos desordenados se equivoca, y cuando se le fuerza a trabajar en un escritorio ordenado, duplica su productividad.

No justifiques el hecho de tener un espacio de trabajo caótico, un escritorio desordenado, un portafolio lleno de papeles inservibles, una oficina desarreglada ni nada parecido. No tienes idea del costo tan alto que podría significar un entorno desorganizado, no solo en cuanto a lo mucho que sientes que tu trabajo se sale de tu control, sino también en la impresión que le das a la gente.

Para describir este enfoque en la simplificación y en el aumento de la productividad, se han creado varios términos en el área de la gestión. Yo les llamo "Las siete R": *reingeniería*, *reorganización*, *reestructuración*, *reinvención*, *reevaluación*, *reenfoque* y *recuperación del control*. Analicemos uno por uno.

LAS SIETE R

1. Reingeniería
2. Reorganización
3. Reestructuración
4. Reinvención
5. Reevaluación
6. Reenfoque
7. Recuperación del control

REINGENIERÍA

La *reingeniería* es, quizá, la técnica más poderosa para simplificar tu vida y aumentar tu productividad. En términos simples, se refiere al análisis del proceso: haces una lista de todos los pasos de cualquier proceso de trabajo, desde el principio hasta el final. No dejas nada fuera: sin importar cuán pequeño sea, incluyes cada paso de cada tarea. Luego revisas la lista de forma minuciosa, paso por paso y, en cada uno, te preguntas por qué, para empezar, estás haciendo eso.

De esta forma descubrirás que, en la primera revisión, es posible eliminar el 30% de los pasos para realizar cualquier actividad porque no pasan la prueba del *¿por qué?* Simplemente aparece cada vez que se realiza el proceso, sin ninguna razón. Tal vez parecían una buena idea al principio, pero solo complican las cosas, consumen más tiempo y hacen que el proceso sea más costoso.

Una importante agencia de seguros nacional descubrió que le estaba tomando entre treinta y sesenta días aprobar la solicitud de una póliza de seguro desde que el cliente establecía el primer contacto. En ese lapso, muchos de los clientes potenciales cambiaban de opinión o le compraban su póliza a alguien más. Como esta situación estaba causando mucho estrés en los agentes que trataban directamente con los clientes y en las oficinas centrales, la agencia decidió hacer la reingeniería del proceso. Hicieron una lista de todas las etapas por las que pasaba una solicitud de seguro, desde el momento en que llegaba a la oficina central, hasta que era aprobada y enviaban la respuesta al agente, y se dieron cuenta de que eran veinticinco. Descubrieron que el tiempo que se invertía en una póliza individual era diecisiete minutos en total, pero que, en suma, las veinticinco etapas tomaban entre cuatro y ocho semanas.

La agencia simplificó el proceso dividiendo los pasos entre dos personas en lugar de 24. Una persona empezó a hacer 23 de los pasos y la segunda solo verificó todas las etapas para asegurarse de que no hubiera errores. Antes de que terminara el año, la agencia podía circular una póliza por todo el proceso y dar respuesta en las primeras 24 horas tras la recepción de la solicitud. Asimismo, eliminó veintidós empleos distintos en el proceso.

Hace algunos años, Motorola hizo la reingeniería del proceso con el que producía *pagers* a la medida para clientes corporativos. El proceso solía consumir entre doce y catorce meses desde el momento en que se levantaba la orden, hasta que se fabricaba el *pager*. En cuanto se hizo la reingeniería, los clientes pudieron levantar una orden con un representante de Motorola que la registraba en una laptop y luego la enviaba directo a la fábrica. Luego de 45 minutos, el primer *pager* hecho a la medida salía de la línea de producción y era enviado, ese mismo día, al primer correo disponible. Este simple acto de reingeniería del proceso ayudó a que Motorola se convirtiera en el líder mundial en *pagers* y en teléfonos celulares de ese entonces.

¿Qué partes de tu trabajo podrías simplificar, reducir, subcontratar o eliminar? Una de las técnicas más eficaces de simplificación es "la compresión del empleo por expansión de la responsabilidad", la cual consiste en comprimir toda una serie de tareas en una sola y hacer que una sola persona asuma la responsabilidad de más pasos que antes. En lugar de tener a gente que supervisa a gente, que supervisa a su vez a más gente, solo le asignas la responsabilidad de todo el proceso a un solo individuo.

También puedes usar la reingeniería para ti mismo. En lugar de ir de compras varias veces a la semana y de ir a la tienda por distintas cosas conforme las necesitas, sé disciplinado y organízate para comprar todo en un solo viaje y coordina cada parada que tengas que hacer. Este simple cambio te ahorrará varias horas a la semana.

En las ventas también puedes hacer la reingeniería de tus actividades para pasar el mayor tiempo posible interactuando en persona con tus posibles clientes. Revisa todas las actividades y elimina o reduce las que no contribuyan de forma directa al contacto con los clientes y a las ventas.

REORGANIZACIÓN

La segunda R es de *reorganización*, algo que necesitas hacer de forma continua en estos tiempos en que las cosas cambian tan rápido. En el pasado, las empresas se reorganizaban cada dos años aproximadamente, pero en la actualidad, tanto las empresas como los individuos están obligados a reorganizarse constantemente.

Reorganizar, en los términos más simples, significa buscar constantemente maneras de tener un nivel más elevado de producción por unidad de ingreso, es decir, encontrar estrategias para aumentar la productividad, el desempeño y los resultados a través de la rotación de la gente y los recursos para que los empleados trabajen en equipo de forma más eficiente y para que produzcan más a un costo menor.

REESTRUCTURACIÓN

La tercera R es de *reestructuración*, la cual requiere transferir de forma continua los recursos para dejar de usarlos en actividades de menor valor y aplicarlos en aquellas de un valor mayor. Lo que tienes que hacer es continuar pensando en las tareas más valiosas que realizas en relación con tus clientes o con los resultados, y seguir tomando los recursos asignados al 80% de las actividades que solo contribuyen un 20% a los resultados, para pasarlos al 20% de las actividades que contribuyen un 80%.

REINVENCIÓN

La cuarta R es de *reinvención*. La reinvención te exige pensar de forma continua en volver a empezar e iniciar tu carrera o construir tu departamento o tu negocio como si fueran nuevos. Usa el método "cruzar la calle". Imagina que vas a cruzar la calle y que, sabiendo lo que ahora sabes, vas a echar a andar tu negocio o iniciar tu carrera de nuevo en otro lugar. Si no tuvieras una carga del pasado ni compromisos que te detuvieran, ¿qué cosas harías más y qué cosas menos? ¿Qué volverías a iniciar y que desecharías? ¿Cómo podrías reinventarte de forma regular?

REEVALUACIÓN

La quinta R es de *reevaluación*. Esta te exige examinar continuamente tus prioridades y los resultados de tus decisiones del pasado para ver si siguen siendo válidas en relación con tus responsabilidades actuales. Aristóteles dijo que toda la sabiduría es una combinación de experiencia más reflexión. Reevaluar exige reflexionar sobre tus experiencias y sobre tu conocimiento antes de dar el siguiente paso. Si no lo haces, se repetirá lo que ha pasado, lo hayas hecho bien o no.

REENFOQUE

La sexta R es de *reenfoque*, lo cual significa aprovechar tus recursos en una o dos de las cosas que más le aporten a tu vida y a tu trabajo. Tu capacidad para enfocarte y concentrarte en tus actividades de mayor valor será la clave para el poder y la eficacia personal.

RECUPERACIÓN DEL CONTROL

La última R corresponde a la *recuperación del control*. Para recuperar el control tienes que reflexionar sobre todo lo que estás haciendo, pero con base en lo que te he explicado en este capítulo; luego tienes que simplificarlo. ¿Cuál será el resultado? Experimentarás una abrumadora sensación de poder sobre tus metas, objetivos, actividades, personal a tu cargo, recursos y tiempo.

Siempre que te sientas estresado porque tienes mucho que hacer y muy poco tiempo, será porque tu vida y tu trabajo están fuera de control de alguna manera. En lugar de aceptar esto como un hecho, deberás simplificar tu vida de todas las formas posibles. Examina las áreas que más estrés te causan. ¿Qué puedes hacer en cada una para reducir la carga?

La simplificación de la vida es un proceso que no termina jamás. Todos los días, cada semana, deberás buscar maneras de reducir la cantidad de tiempo y la complejidad necesarias para lograr los resultados que te importan. Entre más hábil te vuelvas para simplificar, más cosas harás, más feliz serás y mejor te pagarán.

PUNTOS ESENCIALES

- Sigue el principio de la simplicidad: prepara planes claros y sencillos; da órdenes directas y concisas.
- Concentra tu tiempo y tu energía en las actividades que le aportan un mayor valor a tu vida.
- Evita distraerte en las áreas que te aportan muy poco.
- Busca maneras de reducir el tiempo que te toma llevar a cabo una tarea.
- Usa listas para organizar tus metas y tus prioridades.
- Toma tu tarea más importante y trabaja en ella hasta que hayas terminado. Luego procede a la siguiente.
- Usa una herramienta de planeamiento.
- Las tareas fáciles y divertidas suelen aportar muy poco, en tanto que las abrumadoras y difíciles suelen tener un gran impacto.
- Usa el método ABCDE para establecer tus prioridades.
- Elimina las tareas de poco valor.

- Deshazte de cosas para simplificar tu vida. Si tienes duda de qué hacer con algo, sólo tíralo a la basura.
- Trabaja en un espacio despejado y limpio.

Capítulo 4

El poder de la concentración

Tu capacidad para concentrarte en algo, en lo más importante, y para no pasar a otra cosa hasta no haber terminado, es la habilidad más importante, la disciplina más necesaria para el éxito.

A la disciplina autoimpuesta se le ha definido como la capacidad de obligarse uno mismo a hacer lo que debería hacer y en el momento que debería hacerlo, sin importar si tiene ganas o no. Cualquier persona puede ejecutar algo si quiere y cuando sienta ganas de hacerlo, pero la persona que pueda obligarse a sí misma a llevar a cabo algo cuando no tiene ganas, será la que, tarde o temprano, vencerá.

Para Napoleon Hill, autor de *Piense y hágase rico*, la autodisciplina es la clave de la riqueza. Sin duda, es la característica que define a todos los hombres y las mujeres de alto desempeño. La autodisciplina cobra su mayor importancia en tu capacidad para concentrarte en tu tarea más importante, de forma persistente, sin pensar en nada más y hasta terminar.

Todos los grandes éxitos son resultado de períodos sostenibles de concentración. Desde la antigüedad, el principio del combate concentrado, es decir, la concentración del poder, del lugar y del momento decisivos, ha sido la clave para vencer en la guerra. Tu capacidad personal para concentrar tus fuerzas y toda tu energía en una o dos cosas, las que más contribuyan a tu éxito, será esencial para todo lo que seas y llegues a ser. Napoleón Bonaparte dijo que, cuando uno decide librar la batalla, reunir a todas sus fuerzas y no desperdiciar nada, a veces un solo escuadrón decide los sucesos del día.

El punto de mayor oportunidad para ti suele ser el de mayor vulnerabilidad para tu competidor. Tu capacidad para concentrar tus mejores recursos en ese momento le podría permitir a una empresa de menores dimensiones superar a una más grande. Apple Computer logró constituirse como uno de los negocios informáticos más exitosos del mundo a pesar de que se enfrentaba a empresas como IBM, y esto lo logró enfocándose en su sistema operativo.

En las décadas de los sesenta y setenta, IBM se concentró en las unidades centrales y, gracias a su extraordinario trabajo en esta área, dominó el mundo de las ventas de computadoras de este tipo. Luego, Apple logró que utilizar sus computadoras fuera tan sencillo que millones de usuarios abandonaron el sistema operativo MS-DOS de IBM, lo cual convirtió a la empresa de Steve Jobs en un negocio multimillonario.

Según el gurú de la administración Peter Drucker, siempre que se logra algo difícil es porque detrás se encuentra un maníaco obsesionado con una sola misión. Todos los productos, los servicios, los mercados y las empresas que han tenido éxito, lo han logrado porque cuentan con un campeón comprometido de forma obsesiva con que el esfuerzo conduzca al éxito. Quizá la concentración en una cosa no garantice el triunfo, pero lo cierto es que no concentrarse en una sola tarea, sin duda garantizará el fracaso y el desempeño mediocre.

Uno de los principios más importantes de la concentración nos dice que debemos decidir dónde enfocar nuestras fuerzas porque no puedes hacer todo al mismo tiempo ni puedes estar en todos lados simultáneamente. Tus recursos mentales, físicos, emocionales y financieros son limitados. Siempre te ves obligado a elegir una o dos tareas en las que enfocarás tu energía. Saber elegir las áreas clave en las que trabajarás, será esencial para triunfar.

Para tener éxito en tu trabajo debes alcanzar un nivel mínimo de competencia en los factores determinantes de tu puesto, es decir, en las cosas que, sin lugar a duda, tienes que hacer bien para salir victorioso. Estos factores son *determinantes* porque fracasar en cualquiera de ellos podría tener resultados fatales para tu carrera o tu negocio. Por suerte, en todo trabajo, empresa o área de actividad hay solo entre cinco y siete factores determinantes para el éxito.

Si deseas triunfar en los negocios y en la vida personal, necesitas identificar los factores determinantes para el éxito y luego calificarte en cada uno. Después tendrás que trabajar para mejorar tu calificación en los factores que tal vez te estén impidiendo avanzar.

FACTORES DETERMINANTES PARA EL ÉXITO EN LA ADMINISTRACIÓN

LOS SIETE FACTORES DETERMINANTES PARA EL ÉXITO EN LA ADMINISTRACIÓN

1. Planeación
2. Organización
3. Selección del personal
4. Delegación
5. Supervisión
6. Medición
7. Reporte

Hay siete factores determinantes para el éxito en la administración: la *planeación*, la *organización*, la *selección de personal*, la *delegación*, la *supervisión*, la *medición* y el *reporte*. Al planear, decidirás con precisión tus metas y objetivos, así como los recursos que necesitarás para cumplirlos. Organizar te permitirá decidir con exactitud cómo adquirirás y desplegarás los recursos que necesitas para lograr las metas y los objetivos que te fueron asignados. Durante la selección del personal, elegirás a las personas que necesitarás para asumir las responsabilidades esenciales para alcanzar tu meta. Al delegar, asignarás las tareas a las personas correctas, de la manera adecuada y en el momento más oportuno. Supervisar implicará que te asegures de que las tareas que has asignado se lleven a cabo con el nivel óptimo de calidad y de acuerdo con el programa establecido. La medición consiste en monitorear y evaluar de forma continua los resultados para compararlos con las proyecciones y los presupuestos. Al reportar, te asegurarás de que las personas imprescindibles de tu vida laboral estén bien informadas respecto a tus actividades y los resultados.

La deficiencia en cualquiera de estas áreas será como un freno para tus resultados y tu carrera. Te detendrá por completo o no te permitirá avanzar de forma adecuada. Podrías, por ejemplo, ser excelente en seis de estos factores determinantes, pero muy malo para elegir personal. Tal vez no puedas contratar o conservar a la gente necesaria para llevar a cabo el trabajo. Tu incapacidad para reclutar y elegir a la gente apropiada podría ser fatal para tu carrera. No por nada este es un factor determinante del éxito.

Si trabajas en la gestión administrativa, califícate en cada uno de estos factores. Usa una escala del uno al diez, en la que uno sea la calificación más baja y diez la más alta. Luego identifica tu área más deficiente y haz un plan para mejorar.

La teoría de la ventaja competitiva fue uno de los conceptos de negocios más importantes del siglo xx. Esta teoría dice que las pequeñas diferencias en la habilidad pueden volverse enormes en los resultados. Asimismo, las pequeñas mejoras en un factor determinante del éxito pueden conducir a resultados extraordinarios y, con frecuencia, sucede con mucha rapidez.

Muchos directores y gerentes, por ejemplo, son malos para delegar. El problema es que, si no puedes delegar de la manera correcta, no puedes ser eficaz como director. Tomar un curso, leer un libro, escuchar un programa de audio o hacer algo para mejorar tu habilidad de delegar te permitirá ser más eficiente y multiplicar tu impacto.

Uno de los principios más importantes para la concentración del esfuerzo es el aprovechamiento. Tu habilidad de aprovechar tus cualidades, multiplicada por la gente y los recursos bajo tu control o tu influencia, es la clave para el éxito de tu negocio. Los líderes exitosos siempre piensan en la manera en que sus actividades influirán en las acciones y los resultados de otras personas y situaciones. Siempre hacen lo que, en su libro *Leaders*, Warren Bennis llama "autodespliegue". Las personas con el más alto desempeño son expertas en desplegarse a sí mismas como si fueran recursos valiosos y escasos, y así contribuyen de la forma más abundante posible.

FACTORES DETERMINANTES PARA EL ÉXITO EN LAS VENTAS

LOS SIETE FACTORES DETERMINANTES PARA EL ÉXITO EN LAS VENTAS

1. Prospectar
2. Establecer una relación y confianza
3. Identificar el problema o la necesidad del cliente
4. Presentar el producto o servicio como la solución ideal para el problema o la necesidad
5. Responder preguntas o inquietudes de forma satisfactoria
6. Lograr que el cliente se comprometa a actuar
7. Obtener referidos y repetir las ventas

Si te dedicas a las ventas, también tienes siete factores determinantes para el éxito: prospectar; establecer relaciones y confianza; identificar el problema o la necesidad del cliente; presentar el producto o servicio como la solución ideal para el problema o la necesidad; responder preguntas o inquietudes de forma satisfactoria; lograr que el cliente se comprometa a actuar, y por último, obtener referidos y repetir las ventas.

Tu capacidad para destacar en cada una de estas áreas es esencial para que sobresalgas en las ventas. Una debilidad en cualquiera de estas áreas te puede impedir aprovechar tus otras habilidades.

En el área de ventas, podrías ser muy bueno para todo excepto para prospectar, y si eres mediocre para eso, no podrás aprovechar tus demás habilidades. Toda tu carrera podría estar en peligro. Varias personas en mis seminarios se han tomado muy en serio esta dificultad. Se dieron cuenta de que no eran buenos para prospectar y de que eso estaba saboteando su carrera, así que decidieron ponerse a trabajar para mejorar su calificación en ese aspecto y lo lograron. Uno tras otro, se fueron incorporando al grupo de la gente más exitosa y mejor pagada de su industria porque atacaron con gran decisión el área de la prospección, y se volvieron tan buenos que tuvieron muchos más clientes que tiempo para verlos o llamarlos. Si la prospección también es un problema para ti, decide hoy mismo volverte tan hábil que termines teniendo citas todo el día, todos los días, y para que tengas excelentes prospectos interesados en adquirir tu producto o servicio.

A algunas personas les da miedo prospectar. El miedo al rechazo en las ventas es la principal razón por la que los vendedores fracasan, sin embargo, este es un miedo aprendido y que puedes desaprenderlo. Actuarás como si no le temieras absolutamente a nada. Levanta el teléfono y empieza a hacer llamadas todos los días, sin que te preocupe si te comprarán o no. Dentro de poco descubrirás que te sientes tranquilo y relajado respecto a la prospección, y las ventas empezarán a llegar.

FACTORES DETERMINANTES PARA EL ÉXITO EN LOS NEGOCIOS

LOS OCHO FACTORES DETERMINANTES PARA EL ÉXITO EN LOS NEGOCIOS

1. Producción
2. Control de calidad
3. *Marketing* o comercialización
4. Ventas
5. Finanzas
6. Liderazgo
7. Innovación
8. Distribución

Si tú diriges tu propio negocio, aquí te presento algunos factores determinantes para el éxito en tu área: *producción*, *control de calidad*, *marketing* o *comercialización*, *ventas*, *finanzas*, *liderazgo*, *innovación* y *distribución*. Tú mismo deberás identificar las acciones cruciales que realiza tu empresa para asegurarte de que tenga éxito en un mercado competitivo. Luego deberás identificar en qué áreas es fuerte y en cuáles no.

Sin importar cómo estés haciendo las cosas en este momento, dentro de un año deberás ser muchísimo mejor. La falta de compromiso con el mejoramiento continuo se convierte de manera estándar en la aceptación de la mediocridad.

¿Cuál es tu factor limitante? ¿Qué habilidad o aptitud está determinando la velocidad a la que alcanzas tus metas? ¿Qué te está impidiendo avanzar? Si lo desarrollaras hasta alcanzar un punto de excelencia, ¿qué talento o habilidad tendría el impacto más positivo en tu carrera?

Esta es una pregunta sumamente importante. Si no sabes cuál es tu factor limitante, es decir, lo que te podría ayudar más que cualquier otra cosa si lo cambiaras, entonces debes averiguarlo. Necesitarás evaluarte a ti mismo con honestidad, evaluar tu desempeño por tu cuenta o preguntarles a las personas con quienes trabajas, pero tendrás que determinar pronto de qué se trata y ponerte como meta mejorar. Luego tendrás que hacer un plan y empezar a trabajar para superarte en esa área. Si te vuelves extraordinario en un aspecto que no representa ninguna diferencia, pero continúas siendo mediocre en uno que es determinante para tu éxito, podrías tropezarte y quedarte atorado en cada etapa que quieras superar.

LA BATALLA DE GAUGAMELA

Tal vez el mejor ejemplo del principio de la concentración masiva de fuerzas se dio durante la Batalla de Gaugamela, el 30 de septiembre del 331 a. C., entre los ejércitos de Alejandro Magno de Macedonia y el rey Darío III de Persia. Tras haber perdido dos batallas con Alejandro, incluyendo la de Issos, que ya analizamos, Darío estaba decidido a no perder una tercera, pues sabía que sería decisivo para el Imperio persa. Reunió un ejército de casi un millón de hombres al norte de Babilonia y despejó el terreno frente a sus hombres para que sus carruajes de batalla tuvieran una pista plana sobre la cual maniobrar.

Alejandro Magno tenía cerca de 50 000 hombres y la caballería (los cálculos varían) en su ejército. Tenía las probabilidades en contra: veinte a uno. Sus hombres estaban animados, pero obviamente les incomodaba ver desplegados frente a ellos a los cientos de miles de hombres en la infantería y la caballería persas.

La noche previa a la batalla, Alejandro Magno reunió a sus oficiales de mayor rango para explicarles el papel que desempeñarían en el enfrentamiento. Creía que era fundamental decirles a todos qué sucedería con exactitud y qué esperaba que hicieran cuando sucediera. Les aseguró a los oficiales que, al día siguiente, ganarían, y ellos se preguntaron por qué estaría tan convencido de la victoria, si se enfrentarían a una cantidad brutal de tropas bien armadas. Alejandro les explicó que el ejército de Darío lo conformaban reclutas de tropas de todo el Imperio persa y, por lo tanto, no se tenían lealtad entre sí, solo le eran leales a Darío.

Alejandro estaba convencido de que, si lograban eliminar a Darío, las huestes persas se desmoronarían, por eso les ordenó a sus generales que pasaran la voz entre las filas de que, al día siguiente, durante la batalla, no tratarían de vencer a todos los hombres de las tropas persas. Solo había una consigna: al amanecer, todo el ejército macedonio saldría de su campamento, seguiría a su líder y mataría a Darío. Los soldados pasaron el mensaje de boca en boca, no tendrían que preocuparse por derrotar a todo el ejército enemigo, solo esperarían a que llegara el momento crítico, seguirían a Alejandro y atacarían el centro del despliegue, el lugar desde donde Darío lideraba a las fuerzas persas. Su misión era muy simple: matar al rey.

A la mañana siguiente, cuando apareció el sol, Darío III y sus hombres vieron que el ejército macedonio estaba alineado en un ángulo oblicuo al frente persa. Cuando los macedonios empezaron a avanzar a la derecha, hacia su propio flanco izquierdo, se les ordenó a los carros de batalla persas que atacaran, pero Alejandro ya estaba preparado. Sus lanzadores de jabalina y sus arqueros lanzaron sobre los carros y los caballos una lluvia de misiles que destruyó casi todo a su paso. Al ver que, tal como lo esperaba, esto creó un hueco al centro del ejército enemigo, Alejandro volteó y se dirigió a la guardia de 6 000 jinetes macedonios de élite que lo acompañaban: "Ahora, síganme, ¡matemos a Darío!". Y como una lanza, con Alejandro en la punta, la caballería macedonia se lanzó hacia el centro del enemigo. Los numerosos hombres del ejército persa, tan difíciles de controlar, no pudieron coordinarse para que las reservas los protegieran al frente, en la zona donde Darío era más vulnerable.

Cuando Alejandro Magno y sus macedonios atravesaron las primeras líneas y se acerararon al campamento, Darío montó un caballo y huyó de la zona de batalla. Como sus generales principales no quisieron quedarse solos, también montaron sus caballos y sus carros y lo siguieron. Se corrió la voz de que el rey y los generales estaban huyendo del campo de batalla, y de que los macedonios habían atravesado las líneas del frente, así que el ejército persa empezó a desintegrarse como lo esperaban los macedonios. Al final de la jornada, los persas estaban destruidos, desperdigados. El Imperio persa colapsó y Alejandro Magno se convirtió en el amo del que quizás fue el imperio más extenso y rico de la historia. Solo tenía 23 años.

Alejandro sabía que su modesta milicia se enfrentaba a un ejército numerosísimo y que no podría vencer a esa cantidad de persas, en especial porque se encontraba a cientos de kilómetros de su hogar en Macedonia y de su base de suministros en el Mediterráneo. No obstante, comprometió a todos sus hombres y los concentró en el punto de intensidad en el que la victoria representaría una gran diferencia. A pesar de que el ejército persa superaba en número al macedonio, al atacar a Darío de una forma tan vigorosa que lo hizo escapar, Alejandro Magno logró una de las mayores victorias en la historia militar.

La victoria macedonia fue lo que hizo que la cultura griega, en lugar de la persa, tuviera un impacto tan abrumador en Europa y en la civilización occidental. La Batalla de Gaugamela fue un punto de inflexión cuyos efectos siguen resonando en nosotros hoy en día.

Las batallas que libras todos los días no son tan intensas ni tienen tantas consecuencias como las que decidieron el destino de imperios y naciones, pero puedes desarrollar las mismas cualidades que les aseguraron a los grandes generales la victoria y ponerlas en práctica en tus actividades. Tus metas son gozar de excelente salud física y de magníficas relaciones personales con la gente que te importa en la vida. Quieres realizar un trabajo que signifique una diferencia en el mundo y quieres hacerlo bien.

Por último, deseas alcanzar un nivel elevado de independencia financiera para no tener que responderle a nadie.

La característica más distintiva de los líderes a lo largo de la historia ha sido la intensidad en el propósito. Si tomas a dos personas con talentos y habilidades idénticos, y les ofreces las mismas oportunidades, la persona que más ambicione el resultado, que lo persiga por más tiempo y con más fuerza, terminará ganando tarde o temprano. Una de las claves para el éxito es el deseo, tener un ardiente deseo de alcanzar una meta, entre más la anheles, más probable será que logres imponerte la disciplina necesaria para hacer lo que se requiera para alcanzarla.

Hay acciones específicas que puedes realizar para lograr tus objetivos, sin importar cuáles sean, y que son mucho más valiosas y trascendentales que otras. No puedes hacer todo, pero puedes hacer la tarea más importante y continuar trabajando en ella hasta terminarla.

El pensamiento y el planeamiento estratégicos en los negocios tienen un propósito financiero: aumentar la rentabilidad para el accionista (ROE por sus siglas en inglés). También tienen como objetivo mejorar la correlación relativa de las fuerzas entre tus competidores y tú. El resultado adecuado de la estrategia, después de haberla implementando, debería ser que mejore tu situación financiera.

En tu vida personal, dado que tu capital es mental, emocional y físico, tu objetivo será aumentar el retorno sobre la energía. Tu misión es obtener el mayor retorno posible sobre la inversión de ti mismo y de tu energía.

Podría decirse que todo en la vida es un intercambio. Constantemente estás dando tu tiempo a cambio de recompensas que disfrutas. En cualquier momento puedes mirar alrededor y sumar tus activos tangibles e intangibles para determinar qué tan bien has intercambiado tu tiempo hasta ahora. Si tienes 30 años, por ejemplo, y has trabajado diez años y tu valor neto es de 20 000 dólares, quiere decir que todos esos años laborales los has dado a cambio de 2 000 dólares, más gastos. ¿Fue un buen intercambio o no? Si alguien te pidiera que trabajaras para él o ella y te ofreciera 2 000 dólares al año más gastos, ¿los aceptarías? Porque, de hecho, si solo has acumulado 2 000 dólares al año en los últimos diez, es como si los hubieras aceptado, es el intercambio que has estado haciendo.

Una de las reglas más trascendentales del éxito es que no importa de dónde vengas, lo que en realidad importa es a dónde vas. Si no estás satisfecho con cómo intercambiaste tu tiempo en el pasado, solo dependerá de ti hacerlo mejor en el futuro. Si estás satisfecho con el retorno sobre tu energía que obtienes hoy, dependerá de ti mejorar la calidad y la cantidad de tus servicios y concentrar tu energía de manera absoluta en las cosas que te puedan ofrecer un retorno mayor en los meses y los años por venir. Concentrar todos tus poderes — tu capacidad para pensar, decidir e imponerte la disciplina necesaria para desplegar tu energía y recibir un retorno más elevado y generoso— será importante para tu éxito y tu felicidad.

Por suerte, cuando te concentras de forma absoluta en actividades de alto valor, te sientes mucho más feliz y mucho mejor respecto a ti mismo. El trabajo enfocado en acciones valiosas libera energía y te hace sentir más fuerte y poderoso. En cuanto te dedicas a él, te sientes mejor contigo mismo. Conforme el tiempo pase, te irás preparando de tal forma que te sentirás impaciente al hacer actividades de bajo valor. Entonces te será fácil encontrar la disciplina necesaria para hacer cada vez más las cosas que te ofrecen mejores recompensas.

En una ocasión hablé con un hombre. Me contó que eso fue lo que estuvo sintiendo en los últimos años. Cuando empezó a trabajar en su desarrollo personal, solo ganaba 21 000 dólares al año, pero el año pasado me contó que acababa de ganar poco más de 540 000. También me dijo que ahora tiene muy poco o nada de interés en la televisión, la radio, los periódicos y las conversaciones fútiles. Su grupo de referencia, es decir, la gente con que interactúa y convive, también cambió. Se ha vuelto más impaciente con las actividades que mitigan la atención porque se valora a sí mismo muchísimo más que antes. Entre más logros obtiene, más quiere; entre más consigue, más se gusta y se respeta a sí mismo y, por lo tanto, también se pone metas y estándares más altos. Se está convirtiendo en una persona extraordinaria, de la misma manera en que la crema batida se expande y se eleva.

Lo mismo te sucederá a ti casi de forma natural cuando empieces a considerarte un líder, a establecer metas y objetivos claros, a orientarte hacia la acción, a tomar la ofensiva para cumplir tus metas y a concentrarte de forma continua en las pocas cosas que le pueden aportar más a tu vida.

Ahora permíteme preguntarte algo: ¿Por qué estás en una nómina? ¿Para qué te contrató la empresa? ¿Para lograr qué? La mayoría de la gente a la que se le da una hoja de papel y se le pide que escriba la respuesta a estas preguntas solo anota todo lo que hace en el día, sin embargo, las actividades son cosas que solo te aportan algo a ti. Te contrataron para aportarle algo a la empresa, a esto se le llama "áreas clave de resultados". Es lo que tienes que lograr para poder continuar en la nómina. Son actividades mensurables, limitadas por un marco temporal, que se encuentran bajo tu control, es decir, tú eres responsable de llevarlas a cabo. Cuando apliques la regla 80/20 a tu trabajo, descubrirás que el 20% de lo que produces equivale al 80% de la contribución que tienes. El verdadero problema para la mayoría de las personas es que de todas formas fracasarán en su carrera incluso si se vuelven extraordinarias para hacer el 80% de las cosas que solo contribuyen un 20% de los resultados.

Mucha gente comete el error de esforzarse por ser mejor en cosas que son cada vez menos importantes para alcanzar sus metas, pero tú deberías hacerlo de forma distinta. Cuando concentras toda tu energía, te enfocas en una o dos acciones en las que un desempeño excelente puede producir resultados extraordinarios. Te enfocas en ser cada vez mejor en el par de cosas que tendrán el mayor impacto positivo en tu vida y en tu carrera.

¿Cuáles son tus actividades más valiosas en el trabajo y en tu vida personal? ¿Qué te proporciona el mayor rendimiento energético? ¿Qué te permite multiplicar tu desempeño y aprovechar al máximo tus actividades?

En el día haces muchas tareas y eres muy hábil en algunas de ellas. Al mismo tiempo, las consecuencias de tu éxito en esas áreas afectan a muchas otras personas. ¿Qué tareas son? ¿Qué es eso que solo tú puedes hacer y que significará una verdadera diferencia si lo haces bien? ¿Cuáles son esas labores que solo tú puedes realizar? Si no las haces, nadie más lo hará, y si las haces en verdad bien, significarán una importante diferencia en tu vida.

Sin importar el momento en que te hagas estas preguntas, siempre habrá una sola respuesta. Tu capacidad para identificar esa tarea específica y volcarte en ella con todo el corazón será lo que marque la gran diferencia en tu futuro. El economista británico John Maynard Keynes decía que deberíamos pensar mucho en el futuro porque pasaremos el resto de nuestra vida ahí.

Cuando concentres toda tu fuerza, también deberás pensar mucho en lo que viene. Los líderes piensan en el futuro, solo ellos pueden hacerlo. Todos los demás dependen de lo que el líder ve en el devenir y de adónde cree que se dirige la organización. Si quieres ser un líder, tendrás que pensar como piensan los líderes. ¿En dónde quieres estar en unos tres o cinco años? ¿Qué habilidades o factores determinantes para el éxito necesitarás desarrollar para garantizar que llegarás ahí? ¿A qué clientes les sirves ahora y a cuáles les servirás mañana? Tus clientes del futuro, ¿qué necesitarán, querrán o esperarán de ti? ¿Qué les ofrecerán tus competidores para hacer negocios? ¿Qué habilidades o aptitudes esenciales y adicionales tendrán que desarrollar tú y tu organización para resultar victoriosos en el mercado del mañana?

CLAVES PARA EL DOMINIO EN LA INDUSTRIA

En *La disciplina de los líderes del mercado*, Michael Treacy y Fred Wiersema llegaron a la conclusión de que las empresas exitosas eran excelentes en una de tres áreas. De hecho, la maestría en alguna puede conducir al dominio de toda la industria, en especial en lo referente a la retención de clientes y a la rentabilidad. La primera de estas áreas es la intimidad con el cliente, es decir, la habilidad de la empresa de establecer relaciones de alta calidad con sus clientes basándose en un conocimiento profundo de su situación y sus necesidades. Como vendedor, aquí es donde puedes desarrollar una habilidad esencial que te permitirá ganarle a cualquier competidor. La segunda área de excelencia estratégica consiste en crearse la reputación de una empresa que innova y ofrece productos de calidad. Empresas como Sony pueden cobrar más porque son reconocidas por innovar y vender este tipo de productos. La tercera área de los líderes del mercado es la excelencia operativa. Aquí podríamos estar hablando de McDonald's o de Walmart, empresas cuya capacidad para hacer negocios al menor costo posible les permite ser líderes en ofrecer precios bajos en medio de un mercado masivo.

En todos los casos, el dominio del mercado es resultado de la capacidad de concentrarse de forma absoluta en lograr la superioridad en un área en particular. Treacy y Wiersema también señalan que es imposible ser excelente en más de una de las áreas clave. Para dominar su mercado, cada individuo o empresa tiene que mantener un alto nivel de calidad en dos áreas y alcanzar la excelencia en la tercera.

¿Qué significa esto para ti? Si estás en ventas, eres emprendedor o tienes un negocio pequeño o mediano, tu mayor ventaja será tu capacidad para acercarte a tu cliente y establecer una relación cercana. También deberás dirigir tu negocio de forma eficiente y frugal por medio de una óptima administración del tiempo y de los costos. Deberás ofrecer productos y servicios de buena calidad que tengas con qué defenderte, pero lo más probable es que debas concentrarte en la intimidad con el cliente.

Si eres dueño de tu propia empresa, deberás preguntar qué tipo, rango, variedad y calidad de productos y servicios necesitarás ofrecerles a tus clientes en tres y cinco años a partir de ahora.

Tendrás que preguntarte qué tanto quieres crecer y qué tipo de resultados financieros querrás obtener de tus operaciones.

Como individuo, una de tus metas debería ser alcanzar la independencia financiera, así que una buena pregunta sería: ¿Cuál es mi plan para controlar mis finanzas y construir una fortaleza económica a lo largo de mi vida laboral?

¿Cuándo vas a empezar a trabajar en tu plan? La principal razón por la que la gente fracasa en el aspecto financiero en Estados Unidos es la procrastinación. Todos quieren alcanzar la libertad financiera, pero carecen de la disciplina necesaria para concentrarse de manera absoluta en reservar cierta cantidad de sus ingresos con regularidad.

La mejor actitud para garantizar el éxito financiero es tener una visión a largo plazo. Tu capacidad para tomar en cuenta el futuro cuando realices tus actividades cotidianas será la clave para tu éxito a largo plazo. La mejor fórmula para el éxito es la visión a futuro combinada con el enfoque a corto plazo.

Cuando estableces objetivos a futuro, como la independencia financiera, éxito en los negocios y en tu carrera, buena salud y felicidad para tu familia, siempre puedes diseñar planes para cumplirlos. Luego, solo necesitarás asegurarte de que aprovechas de la mejor manera tu tiempo y energía en todo lo que haces a diario para acercarte a esos objetivos a largo plazo.

Tal vez la pregunta más importante en la administración del tiempo sea: ¿Cuál es la manera más valiosa de ocupar mi tiempo en este momento? Asegúrate de trabajar cada hora del día en lo que respondiste. Nunca cedas a la tentación de realizar primero las cosas más insignificantes. Insisto: ¿Cuál es la manera más valiosa de ocupar mi tiempo en este momento?

EL SALIENTE INVERSO

Un principio de la teoría militar es el llamado "saliente inverso". En general, el saliente es la parte en la que una fuerza atraviesa las líneas del oponente. El saliente es una especie de bulto o protuberancia que, si se puede reforzar y aprovechar, permitirá abrirse camino. El saliente inverso tiene el efecto opuesto: toda la línea avanza excepto en una zona, donde el enemigo se resiste. Este saliente inverso representa un gran peligro porque puede detener a toda tu línea. Si el enemigo lo refuerza de la manera adecuada, puede dirigirse a tu retaguardia y rodearte.

En los negocios también tenemos salientes inversos: son las áreas que nos impiden alcanzar todo nuestro potencial. A veces, tu saliente inverso puede ser una habilidad específica, pero también puede deberse a una relación o una persona. Puede tener que ver con un competidor, un producto o un servicio competitivo. Es eso que, si se resolviera de forma satisfactoria, te permitiría avanzar mucho más rápido.

¿Tienes un saliente inverso? ¿De qué se trata? ¿A qué se debe? A veces, identificarlo y enfocarte en eliminarlo puede darte la ventaja que necesitas. En ocasiones, eliminar lo que te impide avanzar es lo que más puede ayudarte.

A todos los logros extraordinarios los anteceden miles de logros modestos que nadie ve o aprecia. La clave del éxito radica en concentrar todas tus fuerzas en tus metas, actividades, habilidades y en las áreas que le aportan un mayor valor a tu vida. En cuanto hayas identificado cuál es tu punto de intensidad, tu factor determinante del éxito, tu área clave de resultados o la tarea que solo tú puedes hacer y que, si la haces bien, significará una gran diferencia, vuélcate en ello y no lo dejes sino hasta que lo hayas terminado por completo. Cuando logres imponerte la disciplina necesaria para hacer algo así, serás imparable.

PUNTOS ESENCIALES

- Concéntrate en la tarea más importante y no la dejes hasta que la acabes por completo.
- La disciplina personal es la capacidad de obligarte a hacer lo que deberías hacer cuando deberías hacerlo, tengas ganas o no.
- La disciplina autoimpuesta es la clave de la riqueza.
- Concentra todas tus fuerzas en el punto más importante.
- Identifica tus factores determinantes para el éxito.
- Los puntos débiles en cualquier área serán como un freno para tus resultados.

- Los avances modestos en un área fundamental pueden conducir a diferencias extraordinarias en los resultados.
- Las personas más exitosas son expertas en presentarse a sí mismas como un recurso valioso y escaso.

Capítulo 5

Unidad de mando

Uno de los principios más importantes en la estrategia militar, y la clave del éxito o del fracaso de cualquier negocio o empresa, es el de la unidad de mando. Esto se refiere a que, por cada objetivo, todos deben unir su esfuerzo bajo las órdenes de un comandante responsable. Un solo individuo debería responsabilizarse de las actividades de todo el grupo. Cada individuo tendría que reportarle a una sola persona, quien dejaría absolutamente claro quién es el jefe y qué espera de cada uno. Todas las personas que te reporten a ti, por ejemplo, deberían tener claridad respecto a lo que se espera que hagan, para cuándo y qué estándares se esperan.

Durante la situación de rehenes en Irán, en 1979, una embajada estadounidense fue tomada por iraníes con todo su personal en el interior durante muchos meses. En última instancia, el ejército de Estados Unidos decidió realizar un intento de rescate, el cual fue un desastre total porque todas las partes violaron los principios de la estrategia y la guerra, en especial, el principio de la unificación de una operación bajo las órdenes de un solo comandante.

Debido a consideraciones políticas, a la elección que estaba por venir y la simple incompetencia, todas las fuerzas armadas se involucraron en esta operación militar. Esto quiere decir que participaron elementos del ejército, de la fuerza naval, de los Marines e incluso de la Guardia costera. Cada una de estas unidades militares tenía su propio comandante y cada uno trabajaba a menudo con objetivos que contradecían los de los otros, ya que todos estaban decididos a llevarse el crédito y la gloria personal. Las distintas fuerzas armadas usaron su propio equipo, el cual era, en gran parte, incompatible con el de los demás. Asimismo, no previeron tener suficientes refacciones en caso de averías. Como el trabajo de inteligencia para el avance fue insuficiente, los distintos grupos aterrizaron o llegaron a lugares diversos y no pudieron coordinar sus actividades. Para colmo, el presidente Jimmy Carter y sus generales dirigieron toda la operación tratando de anticipar las situaciones a distancia desde el Pentágono. A lo largo de la operación, nadie supo qué estaba sucediendo ni quién estaba a cargo. Los objetivos eran poco claros, confusos o incluso contradictorios. Nadie tenía autoridad final para resolver los problemas o para actuar. Las operaciones ofensivas nunca se desplegaron y nunca fue posible concentrar a las fuerzas estadounidenses para implementar el intento de rescate.

Once años más tarde sucedió exactamente lo contrario. El ejército iraquí invadió y se apropió de los campos petroleros kuwaitís. Como se negaron a retirarse, el presidente George H. W. Bush, junto con Colin Powell, jefe del Estado Mayor Conjunto, nombró al general Norman Schwarzkopf como el encargado líderes militares se han estudiado de forma exhaustiva. Hoy en día, estos métodos de pensamiento —o principios de estrategia militar, como les llaman— se enseñan en escuelas y colegios castrenses de todo el mundo. Los comandantes han usado doce principios de pensamiento estratégico para lograr grandes éxitos militares en medio de situaciones turbulentas y caóticas y, a menudo, lo han hecho a pesar de las abrumadoras probabilidades que tienen en contra y de lo desfavorable de su situación.

Como el estudiante de la historia militar que soy, siempre me fascinaron los paralelismos entre los principios de la estrategia bélica y los del éxito en los negocios. Cuanto más los estudié, más me di cuenta de que esos mismos principios también eran aplicables para tener éxito en la vida personal.

Pueden resultarnos muy útiles las maneras de pensar y actuar de los líderes más exitosos de la historia que han demostrado eficacia en las situaciones más complicadas. Nos muestran una dirección y nos ofrecen percepciones sobre cómo abordar los inevitables desafíos cotidianos. Estos líderes militares tuvieron que vencer a enemigos con determinación, por lo general lejos de casa, casi siempre superados en número y con el destino de ejércitos, imperios, naciones e incluso civilizaciones en sus manos.

Tus objetivos y los míos son mucho más simples. Queremos estar sanos y ser felices, tener buenas relaciones personales, ser exitosos en nuestro trabajo y alcanzar la independencia financiera. Desde nuestra perspectiva, sin embargo, todas estas metas son tan importantes, si no es que más, que las de los líderes militares en ciertos momentos críticos de la historia.

Los principios que trazaré en este libro, es decir, las herramientas de pensamiento y las claves para romper las barreras deteniendo con mayor velocidad. Entre más te concentres al reflexionar, más confiado, positivo y optimista te volverás.

Nada es tan exitoso como el éxito. Cuanto más éxito tengas al alcanzar tus objetivos, te sentirás más feliz y seguro, y en consecuencia, te gustarás más y te respetarás más a ti mismo. Esto, a su vez, te llevará a establecer mejores metas y más ambiciosas. Cuanto más ambiciosas y mejores sean tus metas, más lograrás, tu autoestima y autorrespeto serán mayores y te adentrarás en una espiral ascendente de triunfos y logros.

Cualquier problema que tengas, alguien más ya lo resolvió antes: esta es una de las revelaciones más importantes que tendrás. Cualquier meta que establezcas, ya la han cumplido cientos o tal vez miles o millones de otras personas. No tienes que reinventar la rueda, solo debes investigar qué hicieron otros para alcanzar esa misma meta. Necesitas averiguar cuál fue la solución que otras personas exitosas descubrieron y usaron con eficacia, y luego implementarla. Sigue las mismas acciones y obtendrás los mismos resultados.

Muchas personas ya están teniendo éxito en la actualidad, en parte, porque muchas otras triunfaron en grande antes que ellas. Las personas más inteligentes están reuniendo la sabiduría y el conocimiento de gente exitosa de otra época, y los están poniendo en práctica en su propia vida, su trabajo y su familia. Cuando empieces a practicar las ideas que te presentaré en este libro, comenzarás a progresar cada vez más rápido de lo que jamás habrías imaginado.

A lo largo de la historia, desde Tucídides y su *Historia de la Guerra del Peloponeso* en el siglo v a. C. hasta la actualidad, los estilos de pensamiento y los comportamientos de los grandes de sacar al ejército iraquí de Kuwait. Desde el instante en que el general Schwarzkopf llegó al Golfo pérsico para entrar en acción, quedó muy claro quién estaba a cargo. Desde el principio y hasta el final, el general dirigió todas las acciones de Escudo del desierto y Tormenta del desierto, las dos operaciones principales. Tras una preparación adecuada, el ataque y la ofensiva militares se llevaron a cabo sin contratiempos, rápido y con eficiencia. El ejército estadounidense era el segundo más numeroso del mundo, el iraquí era el cuarto y, en menos de cien horas, los estadounidenses noquearon a 41 de las 42 divisiones enemigas. Uno de los aspectos de mayor importancia para el éxito fue que durante toda la Guerra del Golfo se practicó la unidad de mando, es decir, todos obedecieron a un solo comandante.

A principio de los años ochenta, cuando Chrysler Corporation tuvo serias dificultades financieras, contrataron a 36 vicepresidentes y cada uno dirigió su respectiva área como si se tratara de un reino privado. Nadie le tuvo que reportar a nadie más. El presidente de la empresa en esa época se pasó el tiempo jugando a la política y ensalzando personalidades a lo largo y ancho de la organización mundial. El resultado fue que Chrysler llegó al punto del colapso.

En medio de la desesperación, los directores del consejo despidieron al presidente y le pidieron a Lee Iacocca, otrora presidente de Ford Corporation, que asumiera el puesto y se hiciera cargo de la situación. Cuando Iacocca llegó, Chrysler Corporation tenía exigencias económicas de 250 millones de dólares mensuales y solo contaba con un millón en el banco. Les debía dinero a 450 bancos y tenía a 74 000 personas en su nómina en todo el mundo. Asimismo, tenía más de 4 000 distribuidores, y cientos de empresas grandes y pequeñas cuya supervivencia dependía de suministrarle lo necesario para fabricar sus automóviles y camiones.

La situación era catastrófica, la mayoría de los analistas financieros predijeron que Chrysler colapsaría. Sus acreedores esperaban recibir, con suerte, diez centavos por cada dólar prestado.

Cuando Lee Iacocca se presentó, se hizo cargo de inmediato como un comandante. Su objetivo era claro: salvar Chrysler. Tomó la posición ofensiva desde el primer día, empezó a negociar de inmediato para que los bancos le dieran un respiro. Negoció reducciones y concesiones para los cientos de miles de miembros del sindicato. Fue a Washington y obtuvo respaldo tanto del Congreso como del Senado para solicitar un préstamo presentando una garantía de 1 200 millones de dólares, el cual sería liquidado en cinco años. Apareció en televisión y le pidió a la gente que comprara automóviles Chrysler; viajó por todo el circuito de la organización y les pidió a los trabajadores que cooperaran con él para salvar a la empresa.

¿Cuál fue el resultado? La empresa dio un giro absoluto y, de estar al borde del colapso, pasó a la situación opuesta. Saldó todos sus préstamos en 22 meses en lugar de en cinco años, incluyendo 350 millones que les debía a los bancos por concepto de intereses, y por los que las instituciones solo esperaban recuperar diez centavos por dólar. Se salvaron casi 650 000 empleos. Chrysler Corporation recobró su posición como una de las empresas manufactureras más fuertes del mundo, pero el factor crítico fue el liderazgo absoluto de Lee Iacocca en un momento decisivo.

El fallecido ejecutivo Al Dunlap, también conocido por el sobrenombre *Chainsaw* Al (Motosierra Al), desarrolló una notable capacidad para darles un giro radical a empresas al borde del colapso. Cuando no se podía hacer nada más y la empresa parecía enfrentar un lento declive o la franca bancarrota, llamaban a Al Dunlap y lo ponían al mando.

Dunlap explicó que su método para hacer cambiar de rumbo a las empresas era bastante simple. Desde el día que llegaba al lugar, se hacía cargo de todas las operaciones. En todas las divisiones o departamentos de una empresa que no tenían un buen desempeño, se hacían recortes o, simplemente, los cerraban. Despedía a todos los directivos y personal con bajo desempeño y luego enfocaba todos los recursos y la energía en las áreas más rentables. Traía a gente de alto nivel y la colocaba al mando en divisiones esenciales de la organización. En un año o dos, convertía pérdidas de miles de millones de dólares en ganancias equivalentes. Triplicaba, cuadruplicaba o incluso quintuplicaba el valor de las acciones y transformaba a la empresa en un competidor de alto nivel en medio de mercados hostiles.

En todos los deportes, los equipos de alto nivel son iguales: tienen entrenamiento y guía claros. Todos saben quién decide las jugadas, quién está a cargo y quién es el líder.

Todos desean y necesitan estar bajo la autoridad de alguien más. Para el funcionamiento eficiente de cualquier organización, es esencial que todos los integrantes conozcan la cadena de mando, sepan a quién deben reportarle y qué se espera de ellos.

Para atravesar las barreras del éxito, deberás aspirar a desempeñar un papel de líder y desarrollar la habilidad de persuadir a otros para que trabajen contigo, de convencerlos para que te ayuden a alcanzar tus metas. Volverte líder exige entender los papeles y las responsabilidades del liderazgo, así como practicar sus cualidades hasta que empieces a surgir como líder en tu vida personal y profesional.

Durante muchos años prevaleció la "teoría de la historia del gran hombre", la cual se resume en que toda la historia está conformada por las biografías de los grandes hombres y mujeres. Esto significa que el curso de la historia humana lo han determinado en gran medida las acciones y decisiones que individuos específicos realizaron y tomaron en momentos críticos.

A veces, la decisión de un líder en un momento específico ha conducido al ascenso o a la caída de un imperio. El 28 de junio de 1914 fue asesinado en Sarajevo, hoy Bosnia, el archiduque Francisco Fernando del Imperio austrohúngaro. Austria-Hungría utilizó este hecho como excusa para declararles la guerra a la vecina Serbia y a Rusia, su aliado. Entonces comenzó la Primera Guerra Mundial. Cuatro años después, tras haber prevalecido casi ochocientos años, el Imperio austrohúngaro colapsó. El Imperio otomano de Turquía y el Imperio ruso se derrumbaron también. Una sola decisión tomada como respuesta a un acto de violencia trajo consigo los treinta años de guerra que cambiaron a Europa y al mundo para siempre.

Con cierta regularidad tomas decisiones esenciales que tienen consecuencias enormes para tu vida. Lo que eliges estudiar cuando estás en la escuela puede determinar la dirección de tu vida durante muchos años, así como la elección de un empleo y con quién te casas.

Siempre tienes la libertad de elegir. La capacidad de tomar el mando, de asumir el papel del líder de tu vida, implica responsabilidades enormes. De hecho, tu vida es la suma total de las elecciones y decisiones que has tomado hasta este momento.

Los líderes son, en esencia, quienes toman más y mejores decisiones con más frecuencia.

Cuando doy conferencias, a veces le pregunto al público: ¿Cuánta gente aquí se dedica a las ventas? En una audiencia promedio, entre el 20 y el 25% de los participantes levantan la mano. Entonces les hago ver que todos están en el área de ventas: todos están en un negocio que implica comunicarse con otros, persuadirlos, convencerlos y negociar. Lo único que queda por saber es si son hábiles en estas áreas o no. Es decir, todos somos líderes y tomamos decisiones a cierto nivel, pero ¿somos buenos para ello?

La buena noticia es que los líderes no nacen, se hacen. En gran medida, son personas que llegan a liderar a otros porque deciden trabajar en su desarrollo personal a lo largo de muchos años. Nadie comienza siendo líder, pero siempre puedes aspirar a serlo, solo tienes que aprender qué hacen los líderes, cómo piensan, qué sienten e imitarlos hasta que te conviertas en uno o una.

LAS TRES FORMAS DE PODER

LAS TRES FORMAS DE PODER

1. Poder por posición
2. Poder de experto
3. Poder adscrito

En la actualidad, los líderes hacen uso de tres formas importantes de poder. La primera es la forma del *poder por posición*, y se refiere a los poderes de recompensa y castigo que conlleva un título o puesto en particular. Si eres gerente de ventas o vicepresidente de comercialización, tienes el poder de contratar y despedir gente, de aumentarle el sueldo o no. Tienes el poder de otorgar privilegios o castigos, y de alterar los términos y condiciones de empleo para que sean más o menos ventajosos. Estos poderes no te pertenecen de manera personal, sino a cualquiera que ocupe tu puesto, es decir, se confieren a través del puesto, vienen con él.

La segunda forma es la del *poder de experto*. El poder de experto se puede ejercer cuando eres tan bueno en lo que haces que la gente recurre a tus opiniones y tu juicio. Los expertos en áreas cruciales para la supervivencia o el crecimiento de las organizaciones tienen un gran poder. Incluso podrían no tener personal a su cargo y, de todas maneras, sus decisiones y dictámenes continuarían teniendo un peso enorme.

Una de las decisiones más importantes que tomas a lo largo de tu vida laboral es la de desarrollar el poder de experto en tu área. Al volverte increíblemente competente en lo que haces, desarrollas un poder que incluso puede ser desproporcionado en relación con tu puesto o título. Las personas más respetadas y valoradas en una organización son las que han desarrollado la capacidad de realizar las contribuciones más valiosas y constantes al negocio. Cuando te vuelves excelente en lo que haces, es como si establecieras un campo de fuerza o un campo magnético que atrae el poder y el respeto hacia tu persona.

La tercera forma es la del *poder adscrito*, es decir, el que te confieren otros porque les agradas, porque confían y creen en ti, y porque quieren que tengas más influencia y autoridad. El poder adscrito es una combinación de ser bueno en lo que haces, de ser agradable y estar enfocado en los resultados, y de que los otros te perciban como el tipo de persona que puede resultar muy útil porque les puedes ayudar a alcanzar sus metas individuales.

Se ha dicho que el liderazgo es la capacidad de atraer y amasar una gran cantidad de seguidores. Después de la Segunda Guerra Mundial, los presidentes de casi todas las empresas importantes fueron exmilitares que en algún momento aprendieron el manejo de la estructura del comando y del control del liderazgo, desde la cima hasta la base. Los niveles de liderazgo eran una jerarquía bien organizada, desde la persona en lo más alto hasta los empleados que conformaban los cimientos, y se esperaba que todos hicieran lo que se les ordenaba. Las organizaciones parecían ejércitos en muchos sentidos: los gerentes y los directivos eran como generales y oficiales.

Las cosas han cambiado mucho desde entonces. Aunque la gente todavía necesita una estructura para trabajar, en la actualidad exige un nivel mucho más elevado de democracia y colaboración para desempeñarse de la mejor forma. Quienes están por debajo del líder, es decir, los empleados, solo trabajarán para él o para ella si les agrada y si sienten que es la persona más apta para dirigir la organización. De no ser así, encontrarán cien formas distintas de sabotear su eficacia y, a menudo, de asegurarse de que se vaya de la empresa.

En una ocasión trabajé para una organización que trajo a un presidente del extranjero. El hombre se consideraba superior a personas que habían trabajado muchos años ahí y, en lugar de trabajar con base en el consenso de los directivos experimentados que tenía a su mando, tomó sus propias decisiones sin tomar en cuenta las opiniones y la percepción de los demás. En lugar de pedirle a la gente que hiciera las cosas, se las ordenaba. No pasó mucho tiempo antes de que se acumulara un enorme resentimiento en la organización que, de manera lenta pero inevitable, lo forzó a abandonar un puesto extremadamente bien pagado.

El líder capaz comienza por las necesidades en la situación. Él pregunta: ¿Qué es lo que más necesita de mí esta situación? ¿Qué es lo que solo yo puedo aportarle a esta organización? De todas las cosas que puedo dar, ¿cuáles son las únicas con que yo puedo contribuir y que marcarán una diferencia real?

VISIÓN Y EXCELENCIA

Mencioné que la característica más común del liderazgo con el paso de los siglos ha sido la visión. Es decir, los líderes pueden ver el panorama completo, pueden proyectarse tres o cinco años hacia el futuro e imaginar con claridad a dónde quieren llevar a la organización y cómo será cuando lleguen ahí. Los líderes tienen la capacidad de articular esta visión de tal forma que todos en su entorno pueden ver y entender adónde se dirigen.

La Biblia dice: "Donde no haya visión, el pueblo perecerá". Esto no significa que la gente caerá muerta literalmente, sino que perderá su espíritu y su entusiasmo por el futuro. El líder puede articular una visión emocionante y atractiva de un futuro del que todos querrán ser parte.

Tal vez la visión más atractiva que puedes crear para quienes te rodean dependa de ser el mejor en cualquier cosa que hagas.

Las frases de misión largas y complicadas no suelen ser muy efectivas para motivar a la gente porque nadie las entiende o porque no tienen que ver con su situación personal. En cambio, una misión o visión que promueva ser los mejores en el negocio o en la industria les ofrece a las personas algo emocionante porque todos quieren formar parte de una empresa o de un departamento comprometido con la excelencia.

Una visión que motiva y entusiasma hace que la gente trabaje mejor y con más ganas, y que produzca más productos o servicios de mayor calidad. Si no hay una visión, la gente empieza a trabajar de una forma simplemente operativa, es decir, ve el trabajo solo como una actividad que empieza a las nueve de la mañana y acaba a las cinco de la tarde, y deja de pensar en él cuando se va a casa.

La visión o declaración de la misión deberá ser breve, concisa y clara. Por ejemplo, si le preguntas a cualquier persona de The Coca-Cola Corporation en el mundo cuál es la misión de la empresa, te dirá que es simplemente vencer a Pepsi. Por otra parte, si preguntas en PepsiCo cuál es la misión corporativa, te dirán que la misión es vencer a Coca-Cola. La incontable cantidad de individuos que hay en el mundo trabajando para estas organizaciones se involucran en miles de actividades distintas, pero a todos les queda clarísimo que el objetivo de todas esas acciones es ganar, ser los mejores, vencer a su mayor rival.

Antes de pensar en sus propias necesidades o deseos, los líderes se enfocan en las necesidades de la situación. También lo hacen en los resultados que requiere la organización y en cómo pueden contribuir para alcanzarlos.

¿Qué resultados esperan de ti en tu organización? ¿Qué resultados se esperan de tu organización o de tu departamento? Si tuvieras éxito absoluto en tus actividades, ¿qué sucedería? ¿Cómo se vería? ¿Cómo describirías el éxito absoluto en tu trabajo o tu empresa?

Los líderes se enfocan en los puntos fuertes, tanto en los suyos como en los de los otros. La gente común tiene muchos más puntos débiles que fuertes, pero uno no alcanza la grandeza simplemente compensando las debilidades. Es necesario identificar las áreas de mayor potencial y enfocar toda tu energía para llegar a ser sobresaliente en ellas.

De hecho, uno tiene éxito cuando es excelente en solo algunas habilidades esenciales, es decir, en áreas clave en las que se ha vuelto muy competente como resultado natural de la capacidad nata, la educación, la experiencia y el entrenamiento. Estas habilidades esenciales son como los ejes sobre los que gira tu carrera, son aquellas que para empezar te permiten realizar tu trabajo.

Idealmente, toda organización comienza con una serie de habilidades esenciales que le permiten llevar al mercado productos y servicios con la calidad y cantidad necesarias para vender más y atender a los clientes mejor que la competencia.

Tus habilidades esenciales como individuo o como organización son la base sobre la que construirás tu éxito a futuro, pero debes tomar en cuenta que se vuelven obsoletas cada vez más rápido. En la actualidad, el mejor tipo de trabajo que puedes realizar desde la perspectiva estratégica es el de enfocarte en detectar las habilidades esenciales que necesitarás en unos tres o cinco años para ganar las batallas competitivas que se libren en el mercado en ese momento.

Observa las tendencias en tu industria. ¿En qué direcciones va el mercado? ¿Qué querrán los clientes en tres o cinco años? ¿En qué tendrás que ser en verdad muy competente, tanto de forma personal como desde la perspectiva de la organización, para poder ganar al enfrentarte a una decidida oposición en ese momento?

En la década de los treinta, mientras Hitler se rearmaba y surgía en Europa la posibilidad de otra guerra, la administración de Franklin D. Roosevelt prometió no volver a enviar soldados estadounidenses al frente. Tras bambalinas, sin embargo, el general George C. Marshall, Jefe del Estado Mayor Conjunto, estaba consciente de que se acercaba otro conflicto bélico y de que Estados Unidos tendría que estar preparado para luchar de manera enérgica. Mientras los franceses vertían su dinero en la Línea Maginot, un sistema de fortificaciones que iba de la frontera suiza a la belga y que tenía como objetivo frustrar un ataque alemán, el ejército estadounidense empezó a desarrollar una flota de tanques bajo el comando de un coronel de Arizona llamado George S. Patton Jr.

Mientras los franceses se estaban preparando para luchar como en la Primera Guerra Mundial, los alemanes y los estadounidenses estaban conscientes de que cualquier guerra subsecuente sería una competencia de movimiento y que el ganador serían los tanques o los ejércitos que lograran atravesar o rodear las defensas fijas.

En 1940 los alemanes entraron arrasando a una Francia que colapsó en menos de seis semanas; todas sus defensas resultaron inútiles. Francia llevaba veinte años utilizando todos sus recursos para desarrollar habilidades que en ese momento resultaron obsoletas. Los alemanes, en cambio, habían aprendido la lección de la movilidad y de la guerra a la velocidad del rayo, sustentadas e impulsadas por las unidades mecanizadas.

¿Qué habilidades imprescindibles necesitarás en el futuro? Recuerda que solo el líder puede pensar en lo que podría suceder, y que todos los demás dependen de la precisión con que él o ella planee para el futuro.

LIDERAR CON EL EJEMPLO

Una de las cualidades más importantes del liderazgo es guiar con el ejemplo, ser un modelo, ser el tipo de persona que todos admiran y quisieran ser. Los líderes se comportan como tales siempre, incluso cuando nadie los ve.

Si quieres que la gente que lideras trate bien a los demás, deberás darles un buen trato incluso cuando no tengas deseos de hacerlo. Si quieres que otros sean puntuales, deberás ser puntual; si quieres que otros aprovechen su tiempo, tendrás que aprovechar el tuyo; si quieres que los demás tengan reuniones efectivas, las reuniones que tú organices tendrán que serlo. Si quieres que todos se traten entre sí con respeto y de una forma educada, tendrás que respetuoso y educado en todas tus interacciones.

El líder vive en una pecera redonda como las de los peces dorados. Todos lo observan. Todos están sopesando, criticando y evaluando su comportamiento. Nada se les va, nada les pasa desapercibido. No solo notarán de inmediato cualquier comentario, observación o comportamiento, también lo divulgarán.

Los líderes suelen tener muy poca conciencia del impacto que sus palabras y gestos tienen en la gente que los rodea, por eso siempre debes tomar en cuenta que todo lo que digas o hagas se multiplicará por la cantidad de gente que te reporta o que te admira y busca tu guía. Un comentario positivo que le hagas a alguien sobre quien ejerces influencia o control tendrá efectos positivos que ni siquiera imaginas y, en cambio, un comentario negativo o una crítica tendrá efectos negativos en la misma proporción. Elige con cautela tus palabras y la forma en que te comportas.

INTEGRIDAD

Tal vez la cualidad más importante y respetada en los líderes sea la integridad. Es la que más admira la gente, en especial en los líderes. La confianza es lo que mantiene la unión en todas las relaciones. Que puedas y estés dispuesto a confiar en la gente a la que admiras y a la que le reportas es indispensable para alcanzar tu máximo nivel de desempeño.

A veces la gente me dice que le gusta su trabajo, no así su jefe o jefa, y entonces yo le explico que una de las cosas más importantes para el éxito es elegir con esmero a su propio jefe. Muy pocas veces he visto que alguien tenga éxito mientras trabaja para un jefe negativo o deshonesto. En la mayoría de los casos, si continúas colaborando con una persona negativa o indigna de confianza, estarás desperdiciando tu vida y tu carrera, porque una relación profesional así no tiene futuro. Shakespeare escribió:

Pero sobre todo, sé honesto contigo mismo,
y así como la noche le sigue al día,
no podrás ser falso con nadie más.

Más que nada, deberás ser honesto en todo lo que digas y hagas, deberás vivir en un contexto de verdad contigo y con los demás. Deberás ser honesto e impecable en todas tus interacciones y relaciones. Creo que lo que más le cuesta perdonar a la gente es que alguien no posea honestidad e integridad, en especial si se trata de directores, padres, madres o líderes de todos los niveles. En cambio, las personas más admiradas en nuestra sociedad son aquellas que la gente reconoce por su absoluto apego a la integridad bajo cualquier circunstancia.

En la vida todo es una prueba; siempre te están probando. Toda dificultad o problema que se te presenta es una prueba, toda persona problemática con la que tienes que lidiar es una prueba. Todo gran éxito o logro también lo es. La pregunta es si la pasarás o no. ¿Cómo te comportas cuando la vida te dificulta las cosas o está en tu contra, y todos los demás te observan?

Las crisis son algo inevitable en la vida de todo líder. Todas las empresas pequeñas tienen una crisis cada dos o tres meses, situaciones que pueden hundirlas por completo si no se reacciona con velocidad y eficacia. Las crisis son inevitables, lo único que podemos preguntarnos, lo único que en verdad importa, es ¿qué haces cuando sobreviene una crisis? Los mejores líderes trabajan con regularidad en anticipar las crisis relacionadas con todos los aspectos de su negocio y de su vida personal.

Anticipar una crisis exige que veas más allá en el camino de tu vida y te preguntes: ¿Qué podría salir mal? Luego tienes que aplicar la Ley de Murphy y preguntarte: de todo lo que podría salir mal, ¿qué es lo peor que podría suceder?

Cuando hice este ejercicio con una empresa, los miembros descubrieron que 40% de sus ventas venían de un solo cliente. Cuando les pregunté qué era lo peor que podría suceder, de inmediato respondieron que sería perder a ese cliente porque podría mermar el negocio sin él o incluso caer en bancarrota.

Luego les pregunté: ¿Qué pasos pueden dar hoy para garantizar que el peor escenario posible no se presente? La gente comprendió enseguida y empezó a enfocarse en asegurar y desarrollar otros clientes importantes. Dos años después, su principal cliente solo representaba el 15% del negocio. Esta decisión y los resultados redujeron el nivel de estrés y tensión en la organización y aumentaron en gran medida la competitividad de la empresa en el mercado.

CINCO PRINCIPIOS DEL LIDERAZGO

CINCO PRINCIPIOS DEL LIDERAZGO

1. Objetivos claros
2. Valores y principios compartidos
3. Planes de acción compartidos
4. Liderar la acción
5. Evaluación y medición regulares

A lo largo de los años se ha identificado que hay cinco pasos que puedes usar para convertirte en un líder extraordinario en tu empresa u organización. Estos principios fueron desarrollados como resultado de millones de dólares invertidos en investigación para analizar a los equipos ultraeficaces dirigidos por líderes de alto desempeño.

El primer principio para el máximo desempeño se basa en tener *objetivos claros* definidos por el equipo y en los que todos estén de acuerdo. Todos deben saber con exactitud por qué forman parte de la nómina y con qué se espera que contribuyan a los resultados generales de la organización. Los objetivos deberán ser específicos, detallados y mensurables. También deberán tener límites temporales y calendarios con fechas límite concretas y actividades asignadas de manera clara a cada persona.

El segundo principio para el liderazgo de alto desempeño se basa en los *valores y principios compartidos*. Todos deben estar de acuerdo con los valores de la organización, y cada uno de estos se definirá con base en la práctica real. Lo mejor es que los integrantes del equipo expresen sus valores de forma individual y se organicen para que todos los conozcan y puedan saber si resuenan con ellos o no.

El tercer paso para el liderazgo de alto desempeño consiste en tener *planes de acción compartidos*. Cada persona deberá tener un papel y metas específicas, con responsabilidades asignadas para completar las actividades que contribuyan de manera general a la consecución de las metas y los objetivos del equipo o la empresa.

La cuarta clave para el liderazgo de alto desempeño es *liderar* la acción. Tu misión como líder es progresar, poner el ejemplo, ser un modelo. Tu tarea es hacerte cargo de las personas de las que eres responsable, asegurarte de que tengan todo lo que necesitan para desempeñarse a su máximo nivel. Solo tú tienes el poder y la autoridad para hacer esto.

La última clave para el liderazgo de alto desempeño consiste en *la evaluación y la medición regulares*. Siempre pregúntate: ¿cómo nos está yendo? Evalúa y pondera tu desempeño constantemente tomando tus estándares como referencia. Cuando diriges un negocio, la medición externa del éxito se hace a partir de la satisfacción del cliente y de tu capacidad para retenerlo. La medición interna se logra con base en cuán feliz y productivo es tu personal. Tu tarea consiste en trabajar en ambas áreas de forma simultánea: en cuidar bien de la gente que te admira, así como de los clientes de quienes depende tu negocio.

Según Ralph Waldo Emerson, una gran sociedad es aquella en la que los hombres y las mujeres piensan en sus responsabilidades con respeto y orgullo. Para convertirte en líder en tu vida, primero tienes que verte a ti mismo como un líder y luego tienes que practicar las cualidades del liderazgo: visión, valentía, integridad, realismo y responsabilidad. Te conviertes en líder al pensar en el futuro y al diseñar un plan claro para ir del lugar donde te encuentras a donde quieres estar. Te conviertes en líder tratando a tu gente tan bien que querrá que tú seas quien esté siempre a cargo porque te ve como la persona que más le puede ayudar a cumplir sus metas.

En suma, te conviertes en líder cuando te ves en ese puesto y lo asumes, cuando te niegas a poner pretextos y a culpar a otros. Te vuelves líder cuando te haces cargo, cuando te niegas a criticar y a quejarte, cuando asumes el control absoluto de la situación y aceptas la responsabilidad de dar resultados. Caminas, hablas, piensas y actúas como líder y, gracias a eso, atraviesas las barreras entre el éxito y tú.

PUNTOS ESENCIALES

- Todo objetivo exige que el esfuerzo se concentre bajo el mando de un solo comandante.
- Es indispensable que todos conozcan la cadena de mando.
- Toda tu vida es el resultado de la suma de las elecciones que has hecho hasta este momento.
- Todos se dedican a las ventas.
- Hay tres formas de poder: por posición, de experto y adscrito.
- El liderazgo es la capacidad de conseguir seguidores.
- La visión o declaración de la misión deberá ser breve, concisa y clara.
- Los líderes se enfocan en los puntos fuertes, tanto en los suyos como en los de los demás.
- Tus habilidades esenciales son el cimiento de tu éxito en el futuro.
- La integridad es la cualidad más apreciada, en especial en los líderes.
- Evita trabajar para un jefe negativo o que no sea digno de confianza.
- Todo en la vida es una prueba.

- Estos son los cinco principios del liderazgo: objetivos claros; valores y principios compartidos; planes de acción compartidos; liderar la acción; evaluación y medición regulares.

Capítulo 6

Reúne la inteligencia

Uno de los elementos más importantes para atravesar la barrera que te separa del éxito proviene del principio militar de la *inteligencia*. Este principio bélico exige que hagas todo lo posible por identificar la disposición, los planes, los puntos fuertes y los puntos débiles del enemigo, así como el terreno y todos los otros factores que determinan el resultado del combate. Con frecuencia, lo que resuelve quién gana o quién pierde una gran batalla o incluso una guerra es reunir, analizar y disponer de la inteligencia militar. En 2023, Estados Unidos le asignó casi 100 000 millones de dólares a su presupuesto de inteligencia, una cantidad idéntica al producto interno bruto de algunos países pequeños.

En la Segunda Guerra Mundial, los británicos se apoderaron de una máquina llamada Enigma, la cual se destinaba a cifrar y descifrar los mensajes alemanes. Descifrar el código fue sumamente difícil, pero los británicos lo lograron. En las afueras de Londres se estableció todo un departamento dedicado a alimentar el tráfico radial alemán a través de este dispositivo que se convertiría en uno de los secretos más importantes de la guerra. Esto les permitió a los Aliados anticipar los planes militares con precisión, lo cual fue vital en medio del conflicto.

Todo lo relacionado con el Proyecto Enigma se trató con tanta discreción y recelo que, cuando los británicos recibieron el mensaje de que la Fuerza Aérea alemana iba a bombardear la ciudad de Coventry, permitieron el ataque sin avisarle a la población civil porque temían que al hacerlo los alemanes se dieran cuenta de que una de sus máquinas Enigma había caído en manos británicas.

A veces, un solo dato puede tener un impacto importante en el resultado de una batalla o incluso de una guerra entera. En el teatro de operaciones de la Segunda Guerra Mundial, el genio naval japonés fue el almirante Isoroku Yamamoto, quien planeó y dirigió el ataque a Pearl Harbor. Gracias a un mensaje de radio interceptado, los Aliados se enteraron de que Yamamoto visitaría una base japonesa en el Pacífico y que tendría un programa de vuelo específico para la reunión. Armados con esta información, los integrantes de la Fuerza Aérea de Estados Unidos pudieron enviar una misión planeada de forma minuciosa para derribar el avión y matar al almirante. La pérdida de este oficial fue un importante golpe para la ofensiva de los japoneses en el Pacífico.

En los negocios y en la vida personal, tu capacidad para reunir información sobre lo que sucede en tu campo de acción puede ser lo que determine tu éxito o tu fracaso. Las empresas estadounidenses invierten más de mil millones de dólares cada año en investigación y análisis de mercado, y así decidir con exactitud qué productos desarrollar, con qué características, para cuáles clientes y a qué precio deben venderlos para que aumenten las probabilidades de que triunfe en el mercado.

En la actualidad de esta era de la información, tu capacidad para mejorar de manera constante tu información, tu conocimiento y tus habilidades es esencial para prevalecer. Si recibes un dato en el momento correcto podrías obtener un logro y una ventaja que tus competidores no podrán igualar.

EL MODELO DEL PODER DE LAS 3I

Información Inteligencia Ideas

El asesor de gestión Charles Handy habla del modelo del poder de las 3I y del éxito en la era de la información. "3I" quiere decir *información, inteligencia* e *ideas.* Puedes alcanzar niveles más elevados de inteligencia cuando reúnes información de todas las fuentes, la sintetizas y la destilas de acuerdo con la experiencia. A su vez, al tener niveles más elevados de inteligencia obtendrás ideas en mayor cantidad y de mayor calidad. Las ideas seguirán siendo tu verdadera fuente de la riqueza tanto en la actualidad como en el futuro.

Verás que existe una relación directa entre la cantidad de ideas nuevas que tienes y la calidad de las que resultarán de ellas. Cada año, la persona promedio que conduce de casa al trabajo y de vuelta tiene alrededor de cuatro ideas que podrían convertirla en millonaria si las pusiera en práctica. Asimismo, en esta época en que la información y la tecnología aumentan a toda velocidad, se están abriendo cada vez más oportunidades para que la gente tenga grandes avances en su trabajo y en su vida. A veces, lo único que necesitas para cambiar tu futuro por completo es cierta reflexión o iluminación.

En una ocasión, a principios de los años cincuenta, Walt Disney, el actor y productor Art Linkletter y sus respectivas esposas viajaron a Dinamarca. Una tarde visitaron los famosos jardines Tivoli, un parque de diversiones familiar en Copenhague, y a Disney le fascinó el hecho de que todo en el lugar estuviera dispuesto de manera tan meticulosa y con tanta pulcritud. Los jardines Tivoli estaban llenos de familias disfrutando y todas las luces funcionaban a la perfección. Disney volteó a ver a Linkletter y dijo: "Algún día construiré un parque como este en Estados Unidos".

A partir de ese momento, la idea de Disney se transformó en una obsesión ardiente y así nació el concepto de Disneylandia. Tiempo después, Disneylandia, y luego Disney World en Orlando, Florida, llegarían a ser los parques de diversiones más exitosos del mundo y se convertirían en la base del gran imperio de Disney, el cual se extiende por todo el mundo en la actualidad. En gran medida, todo este imperio se originó a partir de aquella observación y de la idea que nació en la mente de Walt Disney.

Es vital que en tu trabajo averigües los hechos de manera constante y permanente. También es fundamental que estos sean verídicos y que te niegues a aceptar los hechos engañosos, los que se dan por sentado, los que uno esperaría que fueran reales, los aceptados como verdad o incluso los precedentes. El fallecido Jack Welch, antiguo director ejecutivo de General Electric, le llamaba a esto el "principio de realidad". Siempre que se enfrentaba a una nueva situación, se preguntaba lo mismo: ¿Cuál es la realidad en este caso? ¿Cuáles son los hechos?

A lo largo de nuestra vida, todos tenemos que resolver problemas y tomar decisiones. De hecho, la vida es una serie continua de dificultades, ya sea grandes o pequeñas, y lo que determina en gran medida tu éxito es tu eficacia para tomar buenas decisiones y resolverlas. Asimismo, tu éxito en estas tareas dependerá de la precisión de la información de la que dispongas. Entre más información tengas que provenga de fuentes distintas, más probable será que cuentes con hechos y detalles suficientes para tomar decisiones que te brindarán el resultado que deseas.

En mi experiencia como asesor de administración para muchas empresas a lo largo de los años, mi principal contribución en las sesiones de planeamiento estratégico y en las reuniones con ejecutivos *senior* ha sido ayudar a la gente a formularse y responder las difíciles preguntas que determinan el futuro de su negocio: ¿Quién es tu cliente? ¿Qué considera valioso? Cuando adquiere tu producto o servicio, ¿qué beneficios está pagando? ¿Cuál es tu propuesta única de valor? ¿Qué es lo que hace que tu producto o servicio sea superior a cualquier otro en el mercado actual? ¿Cuál es tu ventaja competitiva? ¿Cuál será mañana? ¿Cuál debería ser? ¿Cuál podría ser? ¿Qué considerará valioso tu cliente en el futuro? ¿Qué pasos puedes dar hoy para asegurarte de que tus productos o servicios sean superiores a los de tus competidores en los mercados de mañana, del próximo año e incluso después?

Estas preguntas obligan a quienes toman decisiones a pensar con exactitud en lo que ofrecen en el mercado y en lo que tendrán que ofrecer mañana para sobrevivir y prosperar en un ambiente económico que cambia de manera radical. El 80% de los productos y servicios que la gente usa hoy en día no existía hace cinco años. En este preciso momento están desarrollando el 80% de los productos o servicios que la gente usará en cinco años. Si tienes niños pequeños, cuando crezcan, en unos diez o quince años estarán trabajando para empresas que no existen actualmente. Producirán y comercializarán productos y servicios que no existen aún. Usarán habilidades y conocimientos que no desarrollan todavía. Realizarán trabajos que no existen y les venderán a clientes y a mercados que tampoco existen. Si tu carrera profesional se extiende a los próximos diez o quince años, también vivirás esto. La mejor manera de predecir el futuro es creándolo. Tu capacidad para adquirir hoy inteligencia e información precisas con el fin de tomar mejores decisiones para el futuro es tan importante para tu éxito como cualquier otra actividad que pudieras emprender.

La buena noticia es que tu mente es como un músculo. Entre más la uses, más se fortalecerá. Entre más la alimentes con información e ideas nuevas, más información será capaz de recibir y retener.

En la actualidad se habla mucho de que los ingresos se han nivelado y, en el caso de mucha gente, incluso disminuido. Es verdad, pero esto último solo les ha sucedido a quienes dejaron de aprender. Casi todo lo que sabes hoy día sobre tu trabajo ya no te servirá en unos años. Si trabajas en la bolsa de valores, donde la información cambia minuto a minuto, todo lo que sabes se volverá obsoleto en virtualmente unas cuantas semanas. Por todo esto, debes aumentar tu conocimiento y tu inteligencia de manera continua.

Hace poco hablé con una mujer que renunció y se tomó dos años para viajar y complementar su educación. Me dijo que, cuando volvió, toda la industria en la que trabajaba había cambiado tanto que se vio obligada a empezar desde el principio. Después de dos años de estar alejada, todo lo que sabía sobre su industria, los productos y los servicios que se vendían o la gente que trabajaba en ella había cambiado. Fue casi como si toda la experiencia que había acumulado se hubiera borrado.

Las personas que continúan obteniendo información adicional y aumentando su inteligencia, sus habilidades y su conocimiento son las más afortunadas en nuestra sociedad, ya que cada año sus ingresos aumentan en promedio entre 8 y 25%. Los hombres y las mujeres que poseen una combinación única de inteligencia, ideas, intuición y habilidades pueden controlar empresas de grandes dimensiones, tomar decisiones que afectan a miles de individuos y gestionar millones de dólares. Además, son de las personas más respetadas, mejor pagadas y más valoradas en la actualidad.

En Estados Unidos y en casi todo el mundo industrializado vivimos en una meritocracia, lo cual significa que, en gran medida, te pagan con base en tu mérito: tu capacidad para realizar una contribución valiosa al mundo que te rodea. En resumen, te pagan por resultados. Todo lo que hagas para mejorar tus capacidades y para obtener más y mejores resultados por los que la gente esté dispuesta a pagar, aumentará tu valor y la cantidad de dinero que recibas.

Hoy en día, la gente mejor pagada en Estados Unidos trabaja un promedio de 59 horas por semana, lee entre dos y tres horas al día y pertenece a industrias, asociaciones y organizaciones que le brindan acceso a datos actualizados e ideas en sus respectivos campos de acción de manera continua. Estas personas asisten a convenciones anuales y participan en todas las actividades que les den acceso a la información necesaria para ser más eficaces, y con ello obtener los resultados de los que se han responsabilizado y por los que les pagan.

EL VALOR EN DÓLARES DE LA EDUCACIÓN

Las estadísticas sobre el valor de la educación superior a través del tiempo son notables. De acuerdo con una fuente reciente, estudiar un programa de dos años suele aumentar las ganancias del 25% a lo largo de la vida, y uno de licenciatura las aumenta un 75% en comparación con alguien que solo cuenta con un título de preparatoria. Alguien que tiene una licenciatura gana en promedio 2.8 millones de dólares en toda su vida, lo cual se traduce en un promedio anual de cerca de 70 000 dólares. Quienes tienen una maestría ganan unos 3.2 millones en toda su vida, en tanto que una persona con estudios de doctorado gana cuatro millones de dólares, y quienes poseen un grado superior perciben hasta 4.7 millones.

Por otra parte, el aprendizaje continuo es el requisito mínimo para tener éxito en tu campo. Dado que el conocimiento y la información se duplican cada dos o tres años en todos los ámbitos, tienes que duplicar lo que sabes cada dos o tres años solo para mantenerte a la par.

TRES TIPOS DE APRENDIZAJE

TRES TIPOS DE APRENDIZAJE

1. Aprendizaje de mantenimiento
2. Aprendizaje de crecimiento
3. Aprendizaje de choque

Ya sea de forma deliberada o al azar, hay tres formas distintas de aprendizaje que puedes adquirir: *aprendizaje de mantenimiento*, *aprendizaje de crecimiento* y *aprendizaje de choque*.

El *aprendizaje de mantenimiento* se refiere a que estés al día con lo que sucede en tu campo, sin embargo, esto solo te ubica donde están los demás o desacelera tu rezago. Mucha gente cree que leer un libro de forma ocasional y mantenerse al día con revistas y boletines de su industria basta para complementar su educación, pero no es así. Esto es como si revisaras los reportes de la bolsa de valores todos los días para averiguar los precios de venta de varias acciones. Es información que no le aporta nada a tu conocimiento sobre las empresas, el mercado o sobre una posible inversión en una acción en particular. Solo te mantiene al día.

A pesar de lo anterior, el aprendizaje de mantenimiento es esencial, es incluso muy parecido a realizar un ejercicio físico ligero, ya que te mantiene en un nivel particular, pero no lo aumenta ni lo mejora más allá de cómo se encuentra en este momento.

El segundo tipo es el *aprendizaje de crecimiento*, el cual añade a tu repertorio conocimiento y habilidades que no tenías antes. Digamos, por ejemplo, que decides aprender a hablar un segundo idioma para extender tus oportunidades de negocios en el mercado extranjero. En este caso, cada palabra, frase y oración que aprendas formará parte de un aprendizaje de crecimiento porque estarás adquiriendo información que te permitirá hacer cosas que no podías hacer antes. Algunos de los pensadores más brillantes del mundo están produciendo material excelente que puedes usar para mejorar tu vida y tu negocio. Esta información la puedes obtener con solo estirar la mano y tomarla, ya sea en forma de libros, artículos, cursos o tutoriales en sitios de internet.

El tercer tipo de aprendizaje se llama *aprendizaje de choque*. Aquí es donde sucede algo que contradice o revierte información específica que ya poseías. El aprendizaje de choque podría ser sumamente valioso si lo pones en práctica. En su libro, *Innovation and Entrepreneurship*, Peter Drucker dice que las principales fuentes para innovar y conseguir hitos en una empresa son los éxitos y los fracasos inesperados, es decir, algo que sucede y que va en contra de lo que se esperaba, en contra de lo que debió haber sucedido. Este choque puede generar percepciones que te permitirán aprovechar cambios importantes en el mercado o protegerte de un percance serio.

Por desgracia, la mayoría de las personas son "animales de hábitos", como se dice por ahí. Cuando sucede algo inesperado, eligen ignorarlo y recurren a la información vieja que ya conocen y que la hacen sentir más cómodas. Esta es la razón por la que los mayores avances en los negocios provienen de fuentes exteriores a la industria a la que pertenecen. Rand Corporation, por ejemplo, inventó la computadora, pero IBM tomó el concepto y lo transformó en el emprendimiento comercial informático más exitoso en el mundo. Los laboratorios de investigación de Xerox inventaron la computadora personal, pero llegaron a la conclusión de que no había lugar para ella en el mercado de las fotocopiadoras que ellos dominaban. Empresas como Apple, IBM y Dell tomaron la computadora personal y la transformaron en una industria mundial de miles de millones de dólares. En los negocios y en la industria hay un fenómeno llamado NNI: "Nosotros no lo inventamos".

Muchas empresas, organizaciones e individuos están completamente cerrados a cualquier idea que no se les haya ocurrido a ellos primero: si no la inventaron, simplemente llegan a la conclusión de que no es valiosa. Se cuenta que el presidente de un importante grupo industrial británico alguna vez dijo que solo las ideas británicas respecto a los negocios eran valiosas para las empresas británicas, que nada proveniente de Estados Unidos o de cualquier otro lugar tenía aplicación en las situaciones que vivían los británicos. Esta actitud puede ser fatal para los negocios.

Los estadounidenses, en cambio, tienen una cualidad maravillosa que ha convertido a su país en el más dinámico del mundo: son pragmáticos en extremo. A ellos no les importa de dónde viene la idea, solo les interesa que funcione. Piensa, por ejemplo, en un medicamento nuevo que curará una enfermedad para la que no había cura. No les importa quién la inventó, solo quieren averiguar si funciona o no. Si funciona, la tomarán y la usarán más pronto que cualquier otro país o grupo.

Además de este pragmatismo, la otra cualidad que le ha dado a Estados Unidos el liderazgo tecnológico es que los empresarios y los negocios están dispuestos a tomar una idea nueva y a aplicarla de inmediato, a implementarla e irla mejorando sobre la marcha. A los competidores industriales más importantes en Japón y Alemania les preocupa tanto cometer errores, que pueden pasar años perfeccionando una tecnología antes de lanzarla al mercado. En algunos casos, esto les favorece porque desarrollan una reputación tremenda en cuanto a la calidad, pero en el mundo de la alta tecnología les afecta demasiado, ya que, para cuando perfeccionan su innovador producto, los estadounidenses ya lo sacaron al mercado y ganaron terreno en la mente de los clientes.

En su libro *Real Time*, el líder aeroespacial Norman Augustine habla de la importancia de la velocidad en una era de cambios rápidos como la nuestra. Augustine señala que la clave para el éxito en los negocios yace en el concepto *momento de comercializar*. Podrías tener la mejor idea del mundo, pero si alguien llega con ella al mercado antes que tú, ganará terreno y te llevará ventaja.

Con su trabajo respecto al posicionamiento, Al Ries y Jack Trout muestran que la gente siempre relacionará un producto nuevo o innovador con la empresa que lo hizo llegar primero al mercado. Los competidores que entran al mercado después corren el riesgo de que los perciban como imitadores o "copiones".

Actualmente, la principal fuente de valor en nuestro mundo es el conocimiento. Por esta razón, la clave para atravesar cualquier barrera para tener éxito radicará en tu capacidad para adquirir el conocimiento que necesitarás y que deberás aplicar de inmediato para obtener lo más rápido posible los resultados que venderás.

Muchas empresas ya comenzaron a evaluar su capital intelectual. De hecho, están nombrando ejecutivos o expertos en esta área para que ubiquen e identifiquen las distintas formas de conocimiento que posee la organización. En la actualidad, los activos principales de toda empresa salen caminando por la puerta a las cinco de la tarde. Lo que quiero decir con esto es que tu empresa podría incendiarse y terminar hecha cenizas durante la noche, pero si tu personal sobrevive con su capacidad mental intacta, a la mañana siguiente podrías cruzar la calle, meterte a otro local y comenzar de cero. Todo depende del poder de tu mente, y tu capacidad para obtener más y más es ilimitada.

TRES TIPOS DE CONOCIMIENTO DE UN NEGOCIO

TRES TIPOS DE CONOCIMIENTO DE UN NEGOCIO

1. Aptitudes y habilidades específicas
2. Conocimiento de productos y procesos
3. Conocimiento sobre clientes, mercados, proveedores y sobre cómo funciona la industria.

El conocimiento les brinda valor a los individuos y a las organizaciones en tres formas. La primera es a través de aptitudes y habilidades específicas, es decir, de las habilidades esenciales que te permiten obtener los resultados por los que te pagan. Tu activo más valioso es tu capacidad para ganar dinero, tu habilidad de aplicar en tu mundo tu inteligencia y tu energía para producir productos y servicios que la gente querrá y necesitará, y por los que estará dispuesta a pagar. Todo lo que haces a lo largo de tu vida tiene como objetivo aumentar y mejorar tu capacidad para ganar dinero.

La gente que recibe salarios cuantiosos no es necesariamente más inteligente que muchas personas con sueldos modestos. Más bien es gente que ha desarrollado sus habilidades para ganar dinero a un nivel muy importante y que aprendió a venderlas a un precio elevado en un mercado muy competitivo.

Que tu finalidad sea estar en la cima, formar parte del 10% de las personas de tu ramo que están en la parte superior porque poseen las habilidades y aptitudes específicas que se necesitan para realizar tu trabajo. Si te dedicas a vender, tu meta deberá ser excelente en los factores determinantes para el éxito en las ventas, como prospectar, establecer una relación, identificar problemas y necesidades, presentar tu producto o servicio como la mejor solución para el cliente, responder a objeciones, cerrar una venta y obtener referidos y compradores recurrentes.

Si eres el dueño, director o gerente de una empresa, deberás volverte excelente en lo que se refiere a reunir los recursos necesarios para ofrecerle a tu mercado productos competitivos en el momento oportuno y a un precio que la gente esté dispuesta a pagar. Deberás volverte excelente para elegir a la gente correcta para trabajar contigo, delegarle tareas, supervisarla de la manera correcta y para obtener los mejores resultados posibles de su trabajo como equipo.

Hagas lo que hagas, siempre habrá una serie de habilidades esenciales que, sumadas, dan como resultado la cantidad que puedes cobrar por tus productos o servicios en un mercado competitivo. A veces, una habilidad adicional puede aumentar tu valor en gran medida.

El segundo tipo de conocimiento, al igual que los otros dos, es una fuente importante de valor para los individuos y las organizaciones. Se trata del conocimiento de los productos y los procesos de la empresa. Recuerda que el principal activo de cualquier compañía se encuentra en la mente de la gente fundamental que trabaja para ella. Muchas empresas incluso contratan pólizas de seguros para "elementos clave", las cuales las cubren por millones de dólares en caso de que alguno de sus empleados imprescindibles fallezca de forma repentina. Estas empresas reconocen que la pérdida de un elemento clave puede dañar a una organización, pues entre más sabes de los productos, los procesos y lo que implica crearlos, y entre mejor conoces la operación interna del negocio, más valioso te vuelves.

La clave para el éxito en todas las áreas de la inteligencia y el conocimiento es el exceso de aprendizaje. Nunca des por hecho que ya sabes todo lo que necesitas saber, al contrario, hazte a la idea de que todavía te queda una enorme cantidad de cosas por aprender.

El tercer tipo de conocimiento que le aporta un valor extraordinario a una empresa es el conocimiento sobre los clientes, los mercados y los proveedores, y sobre el funcionamiento de la industria. Este tipo de conocimiento puede valer una fortuna para una organización, por eso las empresas a menudo están dispuestas a pagar salarios enormes para contratar a personas sumamente aptas que trabajan para la competencia. De esta manera, solo tienen que adquirir la capacidad intelectual y la experiencia de algunos individuos, en lugar de pasar meses o años tratando de desarrollar la experiencia y el conocimiento intelectual de alguien más.

Ahora te hablaré de una sencilla regla poco conocida que deberás tener en mente: los empleados buenos son gratuitos. Lo que quiero decir es que los buenos empleados no cuestan nada y, de hecho, contribuyen mucho más a la rentabilidad neta de lo que se llevan por concepto de salario. Una empresa puede contratar a todos los elementos buenos que quiera durante todo el día y puede pagarles lo que sea necesario para que acepten trabajar porque, a fin de cuentas, no le cuestan nada. Estas personas le aportan ingresos netos a la organización, por eso las mejores empresas contratan a los mejores. Las empresas de segunda tienen a gente de segunda, y las de tercera están casi en bancarrota porque no pueden competir con las empresas de primera y de segunda categoría.

El entrenamiento y el desarrollo continuos son muy importantes para todos los individuos y las organizaciones porque, salvo por la compra de habilidades en el mercado abierto, son la única manera de mejorar las habilidades humanas. En lo que más gastan las empresas más rentables es en entrenamiento. Las empresas más rentables que ocupan un segundo lugar gastan la mayor cantidad en entrenamiento en la misma proporción, y en las empresas que pronto saldrán del mercado porque están casi en quiebra, se habla constantemente sobre el entrenamiento pero nunca se hace nada al respecto.

El capital intelectual que tienes en tu mente te convierte en un recurso en extremo valioso. Al mismo tiempo, sin embargo, tu capacidad para ganar dinero se está volviendo obsoleta cada vez más rápido debido al aumento desmedido de la información y la tecnología.

Debes convertirte en una máquina de aprender, es algo que te debes a ti mismo, pero también a tu familia, a tu empresa y a tu futuro. Debes devorar de manera continua nuevas ideas e información provenientes de todas las fuentes posibles, esto te ayudará a formar parte del selecto grupo del 10% en la cima y a permanecer en él.

Lo único que necesitas para empezar a amasar una fortuna es tener una buena idea, pero la única forma de asegurarte de que tendrás esa idea es bombardeando tu mente constantemente con todo tipo de ideas provenientes de distintas fuentes. Todo cambio o mejora en tu vida será el resultado de que tu mente haga colisión con una reflexión de algún tipo. Esa nueva idea te brindará una perspectiva fresca y te hará ver las cosas de manera distinta. A partir de ese momento actuarás como no lo habías hecho y obtendrás resultados que no te esperabas.

La ley de la probabilidad también es pertinente en este sentido: entre más te rodees de ideas y de información, más probable será que tengas la idea correcta en el momento idóneo y en la situación más propicia para tomar la decisión adecuada.

LA INTELIGENCIA INTEGRADORA

Anteriormente hablé del principio de la inteligencia integradora. La gente que llega a la cima de cualquier organización es la que posee el mayor cúmulo de ideas y de conocimientos disponible para tomar mejores decisiones y con un mayor potencial de consecuencias positivas. Por eso debes convertirte en una esponja de ideas. De hecho, deberías organizar tu vida para que te lleguen de forma continua de todas direcciones.

Primero comienza por establecer metas y objetivos muy claros para ti y para cada aspecto de tu vida. Una de tus metas deberá ser ganar muy bien, que te paguen lo más posible con base en la escala aplicable para tu industria, si no es que más. Otra de tus metas debería ser duplicar tus ingresos en los próximos dos o tres años, y luego volver a duplicarlos una y otra vez. Hay una cantidad incontable de personas menos talentosas que tú que están haciendo esto de manera regular, así que tú también puedes. Después tendrás que definir qué tipo de resultados y qué tipo de aportación necesitarás para ser digno de la cantidad de dinero a la que aspiras.

Mira a tu alrededor. ¿Quién está ganando tanto dinero como te gustaría ganar? En comparación contigo, ¿qué está haciendo diferente esa persona? Si no estás seguro, pregúntale, esta clase de personas siempre estará dispuesta a decírtelo. He descubierto que las personas exitosas siempre están dispuestas a ayudar a otras a triunfar. Si les llamas, les escribes o las invitas a comer o a tomar un café, y si les preguntas lo que quieres saber, te dirán qué cosas tienes que hacer más y cuáles menos. Incluso te confesarán el punto de inflexión en su propia vida. Te dirán qué libros leyeron, qué programas de audio escucharon y qué han aprendido gracias a su experiencia. Sin importar cuáles sean tus metas, date cuenta de que para lograr algo que nunca te habías propuesto antes tendrás que aprender y llegar a dominar un área completamente nueva para ti.

Siempre que te fijes una meta, pregúntate: ¿Qué tendré que aprender para alcanzar esta meta? Dedícate a una vida de aprendizaje permanente. El futuro les pertenece a las personas competentes, no a las que tienen buenas intenciones. El futuro es de quienes son excepcionales en lo que hacen. Muchos creen que en cuanto obtengan el empleo que quieren, se pondrán a trabajar con ahínco y se volverán sumamente competentes, pero es al revés. La clave para progresar y para que te asciendan en un empleo es tener un desarrollo excelente, y solo cuando te vuelvas en verdad bueno en lo que haces, te ascenderán al siguiente nivel. En tu empleo actual no te moverás de donde estás hasta que no te vuelvas bueno, y después mejor que eso y hasta que seas el mejor de todos. Si no trabajas en ti mismo, la gente que trabaja en su desarrollo personal por su cuenta te rebasará por ambos lados.

Ahora te daré las reglas del aprendizaje continuo y del desarrollo personal. Estas reglas te exigirán fuerza de voluntad, autodisciplina y autocontrol hasta que hayas desarrollado el hábito del aprendizaje continuo. En cuanto lo hagas, las recompensas y los beneficios que recibirás superarán por mucho tu esfuerzo y toda la energía que hayas invertido.

Primero, recuerda que la lectura es para la mente lo que el ejercicio es para el cuerpo. Lee sobre el área en la que trabajas por lo menos una hora al día. Lee los mejores libros de los mejores autores, pídeles recomendaciones a personas exitosas, consigue los libros que te sugieran y léelos. Cuando leas, toma notas minuciosas, señala con color rojo e incluye en los márgenes todo tipo de signos de exclamación y asteriscos para que, cuando vuelvas a revisar el material, encuentres los puntos esenciales. Después de haber leído un buen libro, siéntate con un cuaderno y escribe las cosas más relevantes que hayas aprendido. Te sorprenderá ver cuántas de estas ideas se transfieren luego a tu memoria a largo plazo y se convierten en información que estará disponible para ti cuando la necesites.

Suscríbete a revistas de tu industria y léelas, mantente al tanto de lo que está sucediendo. Lee los boletines informativos y las secciones de los periódicos aplicables a tu campo de actividad porque, después de todo, un dato clave en un momento crucial puede marcar la diferencia en tu vida. Entrénate lo más que puedas, asiste a todos los cursos que se te presenten y que te puedan brindar el conocimiento y las habilidades adicionales que necesitas para ser líder.

Toda la educación es gratuita en el sentido de que, si es útil para tu vida y para tu carrera, el retorno sobre la inversión que recibirás será diez, veinte o incluso treinta veces más que lo que invertiste en la experiencia de aprendizaje. Escucha programas de audio en tu coche, uno de seis horas suele contener las mejores ideas de entre treinta y cincuenta libros sobre temas diversos. Al escuchar programas de audio conviertes tu tiempo de manejo en tiempo de aprendizaje. Transformas tu coche en una universidad sobre ruedas.

Finalmente, recuerda que el aprendizaje continuo ahorra tiempo, energía y vida. Te permite lograr mucho más que cualquier otra cosa en un período breve. El aprendizaje continuo te permite asumir el control absoluto de tu vida y tu futuro, expande tu libertad de elección y aumenta tus oportunidades en todos los sentidos. Incrementa tus ingresos y mejora tu estilo de vida. Crea una noción de independencia, de confianza en ti mismo y de autoestima. El compromiso constante con reunir la inteligencia fundamental de tu vida y de tu trabajo te convertirá en un amo del cambio y te permitirá dejar de ser una víctima. El aprendizaje constante te dará las municiones que necesitas para destruir cualquier barrera que se interponga en tu camino.

PUNTOS ESENCIALES

- Tu capacidad para mejorar tu conocimiento y tus habilidades es crucial para tu éxito.
- El modelo del poder de las 3I: información, inteligencia e ideas.
- Niégate a aceptar hechos engañosos o que simplemente se dan por sentado.
- Todos nos dedicamos a resolver problemas y a tomar las mejores decisiones.
- Tu mente es como un músculo: entre más la uses, más se fortalecerá.
- En gran medida, te pagan con base en tu habilidad de aportar algo valioso.
- El aprendizaje continuo es el requisito mínimo para el éxito.
- Hay tres tipos de aprendizaje: de mantenimiento, de crecimiento y de choque.
- En la actualidad, el conocimiento es la principal fuente de valor.
- Los buenos empleados no cuestan nada porque contribuyen mucho más a la rentabilidad neta de lo que se llevan por concepto de salario.

- Organiza tu vida para que te lleguen ideas de forma continua y de todas direcciones.
- El futuro es de quienes son excepcionales en lo que hacen.
- La lectura es para la mente lo que el ejercicio es para el cuerpo.

*

A menudo escuchamos que la vida es una batalla. Como ya lo vimos en las lecciones anteriores, esta batalla la puedes ganar si aplicas las simples pero poderosas estrategias que les han valido la victoria a grandes líderes militares como Alejandro Magno, Erwin Rommel y el general Norman Schwarzkopf. Utilizar las ideas que se presentan en este libro te ayudará a vencer a los enemigos más temibles: el miedo y la duda, y te permitirá obtener todo lo que has soñado e incluso más.

Esta obra se terminó de imprimir
en el mes de enero de 2026,
en los talleres de Impresora Tauro, S.A. de C.V.
Ciudad de México.